Richard Wilhelm
Chinesische Lebensweisheit

SEVERUS Verlag

ISBN: 978-3-95801-438-1
Druck: SEVERUS Verlag, 2015

Der SEVERUS Verlag ist ein Imprint der Diplomica Verlag GmbH.
Bibliografische Information der Deutschen Nationalbibliothek:
Die Deutsche Nationalbibliothek verzeichnet diese Publikation in der Deutschen National-
bibliografie; detaillierte bibliografische Daten sind im Internet über http://dnb.d-nb.de
abrufbar.

© SEVERUS Verlag, 2015
http://www.severus-verlag.de
Printed in Germany
Alle Rechte vorbehalten.
Der SEVERUS Verlag übernimmt keine juristische Verantwortung oder irgendeine Haftung
für evtl. fehlerhafte Angaben und deren Folgen.

Richard Wilhelm

Chinesische Lebensweisheit

RICHARD WILHELM

PEKING

CHINESISCHE
LEBENSWEISHEIT

INHALT

VOM SINN DES LEBENS 1

ERZIEHUNG ZUM GEMEINSCHAFTS-
LEBEN 31

DAS BUCH DER WANDLUNGEN 65

VOM SINN DES LEBENS

Die Besinnung über das Leben, die über die Stammes- und Volkstradition in Religion und Sitte hinaus sich vorurteilslos mit den Tatsachen des Lebens beschäftigt, pflegt immer in Zeiten zu entstehen, da aus irgendwelchen Gründen neue Gedanken in den Gesichtskreis der Menschen eintreten, da das, was bisher als selbstverständlich hingenommen wurde, durch schwere gesellschaftliche und nationale Erschütterungen ins Wanken kommt. So entstand in Israel der Prophetismus in dem Moment, als der kleine Nationalstaat Israel hineingerissen wurde in den Wirbel der Weltmachtkämpfe um die Vorherrschaft im westlichen Asien. So entstand die griechische Philosophie in Kleinasien in dem Zeitpunkt, da von Asien her neue Mächte und neue Gedanken immer stärker an die Ufer des griechischen Geistes brandeten. Und ganz ähnliche Erschütterungen waren es, die zur Entstehung der chinesischen Lebensweisheit geführt haben. Gewiß spielen die inneren Anlagen der Menschen dabei eine Rolle. So ist es kein Wunder, daß der israelitische Prophetismus eine religiöse Erscheinung wurde, während der vorzugsweise auf Anschauung gerichtete griechische Geist mit den Anfängen der Philosophie zugleich der Wissenschaft von der Natur sich zugewandt hat und der chinesische Geist die Lebensweisheit als sein Feld zu bearbeiten begann.

Von einer eigentlichen Philosophie in China kann man reden seit Lautse und Kungfutse. Von Kungfutse können wir Geburts- und Todesjahr genau angeben. Er lebte von 551—479 vor unserer Zeitrechnung. Lautse mag etwa zwanzig Jahre älter gewesen sein. Die Verhältnisse nun, die in China dazu führten, daß diese Männer daran gingen, über das Leben nachzudenken und Ergebnisse der Lebensweisheit zu suchen, waren sehr schwerer Art. Kungfutse hat ein Werk verfaßt, das er Frühling und Herbst nannte, in dem vom Aufgang und Niedergang von Staaten die Rede war. Die Zeit, die dieses Werk umfaßt, reicht ungefähr dreihundert Jahre weit in die Vergangenheit zurück. Außerdem haben wir in der Liedersammlung des Kungfutse Material, das mindestens ebenso alt, zum Teil noch älter ist. Aus diesen Quellen und verschiedenen andern eröffnet sich uns ein Einblick in die Verhältnisse jener Zeiten, der wahrhaft erschütternd ist. Diese dreihundert Jahre sind im wesentlichen in China eine dreihundertjährige Kriegszeit gewesen. Einerseits beunruhigten von Norden her die hunnisch-mongolischen Stämme das Reich, auf der andern Seite erhoben sich im Süden die beiden Fremdstaaten Tschu und Wu — am Yangtse und südlich davon — zu immer größerer Macht. Im Zentralgebiet, dem eigentlichen China, verging in jenen drei Jahrhunderten kein Jahr ohne Kampf. Das alte China war ursprünglich aus einer sehr großen Anzahl von Lehnsstaaten unter einer zentralen Königsgewalt zusammengesetzt gewesen. Aber während die Zentralgewalt immer mehr zu einem bloßen Schattendasein herabsank, vergrößerten sich immer mehr die mächtigeren Lehnsstaaten auf Kosten ihrer schwächeren Nachbarn, so daß die Zahl der selbständigen Staaten immer mehr zusammenschrumpfte und auf der andern Seite die mächtigeren Landesfürsten immer mehr die volle Souveränität an sich rissen. Statt des Königs übernahmen der

Reihe nach fünf solche Landesfürsten die Hegemonie im Reich, während der König ein willenloses Spielzeug in der Hand des jeweils mächtigsten unter ihnen war. Wieviel in jenen Jahrhunderten Staaten vernichtet, Herrscherhäuser ausgerottet, Menschen getötet wurden, wieviel Blut geflossen und Eigentum zerstört worden ist, weiß niemand zu sagen. Unsägliches Leid lag auf der Bevölkerung, die natürlich immer letzten Endes die Zeche zu bezahlen hatte. Eine Umschichtung der Gesellschaftsklassen ging damit Hand in Hand. Vornehme wurden gestürzt, Niedrige kamen empor. Die festgeordneten Rangstufen des Altertums verloren ihre Bedeutung. An Stelle der alten Rangstufen trat ein neuer tiefgreifender Unterschied. Die Gegensätze von Arm und Reich machten sich immer schärfer fühlbar. Ansätze zum Kapitalismus mit regelrechter Ausnutzung der sozial schwächeren Kreise zeigen sich ganz deutlich. Die Regierung der einzelnen Staaten war mit wenigen Ausnahmen willkürlich und tyrannisch.

Selbstverständlich wurden durch solche Zustände auch innerliche Reaktionen hervorgerufen. Die alte Natur- und Ahnenreligion mit ihren festen Formen war ein Rahmen gewesen, innerhalb dessen sich in ruhigen Zeiten gar wohl das Leben eines Bauernvolkes unter patriarchalischen Einrichtungen bewegen konnte. Allein die Not der Zeit brachte neue Fragen und Aufgaben mit sich, auf die man sich in neuer Weise einstellen mußte. So finden sich denn auch im Liederbuch gar manche Ansätze einer inneren Durcharbeitung der Fragen, die so drohend und unausweichlich am Himmel standen. Natürlich sind die Stimmungen verschieden nicht nur nach den Verhältnissen, sondern auch nach der Gemütsart der verschiedenen Volksschichten, denen die Dichter angehörten. Wir finden eine Richtung, die sich einfach der Klage hingibt. Man liebt das Vaterland, man möchte das Beste, aber die Not der Zeit ist zu übermächtig. Teuerung und Hungersnot kommt noch dazu. Ach, daß doch Gott vom Himmel drein sehen wollte! Aber wo ist er? Hört er überhaupt auf Menschenflehen, da droben der weite, mitleidlose, blaue Himmel? So kommen mit der Klage Zweifel hervor: keine Lästerungen, keine radikale Gottesleugnung, aber die Anschauung, daß eben auch der Himmel seine Schwächen und Fehler hat — ein anderes Mal hilft er ja wieder und in der Regel zeigt er sich gut und mild —, so daß es eben überhaupt nichts Vollkommenes gibt. Eine andere Richtung ging über diese sanfte Trauer hinaus. Sie wandte sich dem prinzipiellen Pessimismus zu. Es ist alles hoffnungslos schlecht, was ist. Viel besser nie geboren als solches Elend durchmachen müssen. Hier finden wir auch die Vorbilder der stolztrotzigen Einsiedler, die entschlossen der Welt den Rücken kehren und untertauchen in den Fluten der Anonymität. Man findet sie als Bauern, als Sklaven, als Knechte, in Wäldern, am Meeresstrand. Sie sind sarkastisch. Sie wissen, es hilft alles nichts, darum geben sie sich keine vergebliche Mühe. Manche unter ihnen kannten auch wohl eine geheimnisvolle Innenwelt, in die man Eingang findet durch mystische Schau, indem man Verzicht leistet auf alles äußere Handeln und Machen. Kungfutse hat unter solchen „verborgenen

Heiligen" gar viel zu leiden gehabt, die mit unbarm≠
herziger Kritik sein Bestreben geißelten. Lautse stand
ihnen nahe.

Eine weitere Richtung war die Gesinnung frommer
Ergebung ins Schicksal. Wenn es schlecht ging, so war
das Fügung des Himmels, des Übermächtigen, gegen
den kein Menschentrotz half. Was will der kleine, macht≠
lose Mensch in solchem Falle machen? Nichts bleibt
ihm übrig als sich zu fügen und ruhig zu sein, ob etwa
der Sturmwind wieder vorüberginge und auf Regen bald
wieder Sonnenschein folgen möchte.

Andere wieder wandten sich mehr einer unmittelbar
praktischen Lebensweisheit zu. Sie hatten weltverach≠
tende Grundsätze und sahen, daß man nichts machen
könne, um die Welt zu verbessern. Warum also sollte
man an solche fruchtlosen Gedanken seine besten Kräfte
setzen? Noch hatte man ja die Genußfähigkeit. Noch
hatte man den Wein, den Sorgenlöser, und noch konnte
man singen und so seinem Herzen Luft machen. Wozu
also den grauen Ernst? Iß und trink und sei guter Dinge.
Ganz wie es im Prediger Salomonis heißt: „So gehe hin
und iß dein Brot mit Freuden, trink deinen Wein mit
gutem Mut. Laß deine Kleider immer weiß sein und
laß deinem Haupt Salbe nicht mangeln. Brauche das
Leben mit deinem Weibe, das du lieb hast, solange du
das eitle Leben hast, das dir Gott unter der Sonne ge≠
geben hat... Alles was dir von Händen kommt, zu tun,
das tue frisch; denn bei den Toten, dahin du fährst, ist
weder Wort, Kunst, Vernunft noch Weisheit."

Es gab aber endlich auch Leute, die gegenüber den

finstern Zeitverhältnissen und einer verrotteten Gesellschaft nicht gewillt waren, gesenkten Hauptes sich in all das Unrecht freiwillig zu fügen, sondern ihrer Unzufriedenheit im Liede Luft machten. Und manchmal auch kam es vor, daß, wenn solche Stimmungen sich erst in der Tiefe angehäuft, gelegentlich ein Ausbruch kam, der oft ganz unerwartet einem Tyrannen und Volksbedrücker das Leben kostete.

Aus dieser Not der Zeit heraus ist nun die chinesische Lebensweisheit geboren worden. Am königlichen Hofe lebte ein Mann. Er ist bekannt unter dem Namen Lautse („alter Meister"). Man wußte wenig von ihm, er war beschäftigt an der königlichen Bibliothek. Und unter der Beschäftigung mit den vielen Bambustafeln, auf denen die Reste der Literatur des Altertums verzeichnet waren, ist ihm die große Erleuchtung gekommen. Er fand nicht seine Befriedigung im Lesen und Lernen, im Nachdenken, was andere zuvor gedacht. Er hatte aber auch keine Lust zu wirken und sich einen Namen zu machen. Wohl überschaute er mit souveränem Blick die Reiche der Welt. Er sah, woran es ihnen fehlte, und sah auch wohl die Mittel, wie zu helfen wäre. Aber er wußte auch, daß seine Ratschläge unzeitgemäß waren und daß nicht damit zu rechnen war, daß sobald ein Fürst sich finden werde, der seinen Paradoxien Gehör schenken würde. So zeichnete er denn seine Gedanken — oft in Form von Knittelversen, wie sie im Altertum zur Unterstützung des Gedächtnisses üblich waren — auf, ganz zwanglose Aphorismen, wie sie das Erlebnis brachte. Auch hier war er nicht auf Stil und Feinheit des Ausdrucks bedacht. Höchstens, daß es ihm Spaß machte, alles möglichst scharf und prägnant auszudrücken und alle vorsichtigen Wenn und Aber beiseite zu lassen. Auf Wirkung verzichtete er. Eigentlich ist es fast eine Inkonsequenz von ihm gewesen, daß er diese Selbstgespräche überhaupt aufgezeichnet hat. Die Sage empfand das auch und berichtet von einem Anlaß für diese Aufzeichnungen. Als er nämlich die Welt verließ und durch den Hangu-Paß nach Westen auf Nimmerwiedersehen verschwand, da habe ihn der Torwächter gebeten, ihm seine Weisheitssprüche aufzuschreiben. So habe er ihm als Gastgeschenk das Büchlein dagelassen, das heute unter dem Namen Taoteking bekannt ist. Das geheimnisvolle Verschwinden des Alten ist aber nur Sage. Noch Dschuangdsï wußte von dem Ende des Lautse zu erzählen, und in dieser Geschichte wird auch ein rührender Zug erwähnt. Als er nämlich gestorben war, da hätten alle Anwesenden, alt und jung, untröstlich geweint. Daraus wird ihm ein Vorwurf gemacht. Er müsse Worte gesprochen haben, die er nicht hätte sprechen sollen, und Dinge getan haben, die er nicht hätte tun dürfen. Sonst hätte er nicht diese menschliche Anhänglichkeit und Trauer über seinen Tod bewirken können. So sehen wir hinter dem radikalen Eifer gegen die Mißstände der Zeit ein gütiges, menschlich fühlendes Herz.

Seine politische Lebensweisheit war radikal genug, und manches davon behält seine Gültigkeit, auch nachdem die Zeiten, für die es geschrieben, längst vorüber sind. Man vergleiche Sätze wie den:

„Das Volk hungert; das kommt daher, daß seine Oberen zu viel Steuern fressen: darum hungert es. Das Volk ist schwer zu lenken; das kommt daher, daß seine Oberen immer etwas machen wollen: darum ist es schwer zu lenken. Das Volk nimmt den Tod zu leicht; das kommt daher, daß man des Lebens Fülle zu reichlich sucht: darum nimmt es den Tod zu leicht."

„Je mehr man die Religion pflegt, desto ärmer wird das Volk. Je mehr das Volk Mittel zum Gewinn hat, desto unklarer wird der Staat. Je mehr die Menschen Künste üben, desto mehr entstehen fremdartige Dinge. Je mehr Gesetze und Verordnungen sich breit machen, desto mehr gibt es Diebe und Räuber."

„Des Himmels Sinn ist es, zu nehmen von dem, was zu viel hat, und damit zu helfen dem, was zu wenig hat. Der Menschen Sinn ist nicht also: sie nehmen von denen, die zu wenig haben, um zu bereichern die, so zu viel haben."

„Wo Heere weilen, wachsen Dornen.
Auf große Feldzüge folgen Hungerjahre."

„Tut die Heiligkeit ab und verwerft die Weisheit:
Das ist dem Volk hundertfacher Gewinn.
Tut die Menschenliebe ab und verwerft die Pflicht:
Dann kehrt das Volk zurück zu Ehrfurcht und Gefühl.
Tut die Technik ab und verwerft den Gewinn:
Dann gibt es keine Diebe und Räuber mehr."

Ein sehr guter Ratschlag für die Staatsregierung ist auch folgender:

„Ein großes Reich muß man lenken, wie man kleine Fischlein brät."

Hierzu bemerkt ein chinesischer Kommentar sehr treffend: Wenn man kleine Fischlein brät, so nimmt man sie nicht aus, schuppt sie nicht ab und wagt sie nicht zu schütteln, damit sie nicht in Stücke gehen.

So gibt er den Regierenden den guten Rat, möglichst wenig zu regieren, dann werde sich schon alles von selber machen:

> „Wenn wir nichts machen,
> So wandelt sich von selbst das Volk.
> Wenn wir die Stille lieben,
> So wird das Volk von selber recht.
> Wenn wir nichts unternehmen,
> So wird das Volk von selber reich.
> Wenn wir keine Begierden haben,
> So wird das Volk von selber einfältig.
> Wessen Regierung demütig und sanft ist,
> Dessen Volk ist harmlos und einfach.
> Wessen Regierung stramm und genau ist,
> Dessen Volk ist hinterlistig und versagt."

Bezeichnend ist auch die Wertschätzung der Herrscher und ihre Stufenfolge:

> „Herrscht ein ganz Großer,
> So weiß man unten kaum, daß er da ist.
> Die nächste Stufe
> Wird geliebt und gelobt.
> Die nächste Stufe
> Wird gefürchtet.
> Die nächste Stufe
> Wird verlacht."

Aber diese Regierungsgrundsätze allein würden die Bedeutung des Lautse noch nicht erklären. Er ging tiefer und grub nach dem Sinn des Lebens. Man spricht gewöhnlich von zwei Grundideen, die in seinem Werkchen behandelt werden: Tao und Te. Die beiden Worte sind nicht leicht zu übersetzen, und es scheint zudem ein gewisser Ehrgeiz unter den Übersetzern zu bestehen, ja nicht den Spuren eines Vorgängers zu folgen, was um so nötiger ist, da die überwiegende Mehrzahl dieser Übersetzungen nicht aus dem Chinesischen stammt, sondern nur Umdichtungen englischer oder — deutscher Übersetzungen sind. Tao heißt in seiner ursprünglichen Bedeutung: Weg, Lauf. Daraus ergibt sich, auf das kosmische Geschehen übertragen, die Bedeutung der gesetzmäßigen Richtung des Geschehens. Diese Richtung des Geschehens wird aufgefaßt als eine sinnvolle. So kommt die Bedeutung der des griechischen λόγος nahe. Außerdem kann das Wort verbale Bedeutung haben und bedeutet dann „führen", „leiten", „reden". Im Anschluß an die Bibelübersetzungsszene in Faust habe ich daher die Übersetzung „Sinn" vorgeschlagen, da die Bedeutung des Wortes „Sinn" auch die Richtung enthält (man spricht z. B. von „rechtssinniger" oder „linkssinniger" Bewegung). Um anzudeuten, daß diese Übersetzung wie alle anderen eine Notauskunft ist, habe ich das Wort „SINN" mit großen Buchstaben geschrieben. Die Eigenschaft, Notauskunft zu sein, teilt das deutsche Wort übrigens mit seinem chinesischen Urbild, von dem Lautse selbst sagt, daß eine adäquate Bezeichnung der von ihm erschauten Tatsache nicht möglich sei und daß er es nur „zur Not" mit „Tao" wiedergebe.

Das andere Wort Te spielt in Lautses Buch eine weit geringere Rolle. Die chinesische Definition lautet: „Was die Wesen bekommen müssen, um entstehen zu können, heißt ,Te'." Ich habe das Wort daher mit „Leben" übersetzt, was sich auch dadurch rechtfertigt, daß es überall in den Zusammenhang paßt. Die traditionelle Übersetzung mit dem an sich wundervollen Wort „Tugend",

das aber durch die lateinischen Stilübungen der Knaben-
schule gänzlich zu Tode gehetzt ist — es kann nur vom
Dichter jeweils an seinem Platz zum Leben erweckt werden —, verbietet sich schon darum, weil das chinesische
Wort Te moralisch gänzlich indifferent ist. Es kann
ebensowohl minderwertiges, ja schlechtes Te geben, wie
gutes.

In Lautses Gedanken ist das „Leben" einfach der im
Einzelwesen sich auswirkende SINN. Je weniger das
Leben sich selber sucht, desto höher ist es, und desto
reiner ist die Offenbarung des SINNES in ihm. „Das
höchste Leben sucht nicht sein Leben, darum hat es
Leben."

Was ist nun aber der „SINN"?

Die alte chinesische Volksanschauung war von der
Überzeugung ausgegangen, daß Himmel und Erde, das
Unsichtbare und das Sichtbare, bewußte Wesen seien:
der Vater und die Mutter alles Bestehenden. Dabei hatte
der Himmel als Herr noch eine besonders bevorzugte
Stellung. Der Himmel gebietet z. B. im Buch der Lieder
dem König Wen etwas. Er spricht zu ihm:

„Der Himmel schaut herab auf die Menschen hier unten."

Er ist gnädig oder zornig.

„Ehret den Zorn des Himmels!
Wagt nicht zu spotten und lachen!
Ehret die Gnade des Himmels!
Wagt nicht zu rennen und laufen!"

Er schickt Freude und Leid den Menschen zu.

„Der Himmel schickt Trauer und Wirren,
Hungersnot und dürre Zeit."

Hier setzt nun Lautse mit seiner Kritik ein. Das Naturgeschehen ist für ihn nichts Bewußt-Absichtliches. Es vollzieht sich spontan, ohne Rücksicht auf Menschenwohl und Menschenwünsche. Unfühlend ist die Natur.
„Nicht Liebe nach Menschenart kennt Himmel und Erde. Ihnen sind alle Wesen nur Heuhunde."
Bei Dschuangdsï haben wir eine Erklärung der seltsamen zweiten Zeile. Bei Opfern nämlich wurden Figuren aus Heu geformt und aufgestellt. So lange sie beim Opfer ihre Dienste taten, wurden sie geschmückt und geehrt, war ihre Arbeit getan, so konnten sie gehen, sie wurden weggeworfen und lagen auf der Straße umher und wurden von den Vorübergehenden zertreten. So ist für Lautse in der Natur der Einzelne nichts, alle Bedeutung gewinnt er nur durch die Rolle, die er in ihr zu spielen hat. Ist seine Zeit gekommen, so pulsiert der große Lebensstrom in ihm. Herrlich blüht er auf, verklärt von den Kräften der Welt. Ist seine Zeit vorbei, verschwindet er und wird unbeachtet vernichtet von den auflösenden Kräften des Todes.

Wenn aber so für Lautse jeder Anthropomorphismus in der Natur rettungslos dahinfällt, so ist er darum nun doch nicht hoffnungslos atheistisch. Durch Innenschau hat er etwas entdeckt, etwas Unsagbares, Unräumliches, ein Nichts. Und auf diesem Nichts beruht die ganze massive Wirklichkeit. Dieses „Nichts" ist noch jenseits von Himmel und Erde. Es ist ewig und schlechthin wirkend. Weil es nichts Einzelnes ist, ist es unbehindert von allem Einzelnen. Über dieses „Nichts" sagt Lautse folgendes:

„Es gibt etwas, das ist unterschiedslos vollendet,
Es geht der Entstehung von Himmel und Erde voran.
  Wie still! wie leer!
Selbständig und unverändert,
Im Kreise wandelnd ungehindert.
Man kann es für die Mutter der Welt halten.
Ich weiß nicht seinen Namen.
Ich bezeichne es als SINN,
Notdürftig nenn ich es: das Große."

„Wie ist der Große SINN allüberflutend!
Er kann zur Linken sein und auch zur Rechten!
Alle Wesen halten sich an ihn, um zu leben,
Und er versagt sich ihnen nicht.
Ist ein Werk fertig, so nennt er's nicht sein.
Er kleidet und nährt alle Wesen und spielt nicht ihren Herrn."

Wie aber betätigt sich nun dieser unsichtbare SINN in der sichtbaren Wirklichkeit? Wenn Lautse den SINN als „Nichts" bezeichnet, so ist dadurch selbstverständlich nur sein Gegensatz zur Welt der Wirklichkeit zum Ausdruck gebracht. Er bezeichnet sozusagen eine Wirklichkeit höherer Ordnung, die jenseits von der massiven Außenwelt ist, die aber nicht räumlich getrennt von ihr ist. Man kann das Verhältnis von SINN und Wirklichkeit auch nicht unter der Kategorie von Ursache und Wirkung erfassen — denn die setzt selber schon die Wirklichkeit voraus. Ein sehr hübsches Gleichnis von diesem „Nichts" gibt Lautse in folgendem Abschnitt:

Dreißig Speichen umgeben eine Nabe:
Auf dem Nichts daran beruht des Wagens Wirkung[1]).
Man macht Schüsseln und Töpfe zu Gefäßen:
Auf dem Nichts darin beruht des Gefäßes Wirkung[1]).

---
[1]) Wörtlich: Brauchbarkeit.

Man höhlt Türen und Fenster aus an Zimmern,
Auf dem Nichts darin beruht des Zimmers Wirkung[1]).
Darum: das Etwas schafft Wirklichkeit,
Das Nichts schafft Wirkung[1]).

Das „Nichts", um das sich das Rad dreht, das „Nichts", das die Gefäße zu ihrem Zweck erst tauglich macht, das „Nichts" der Fenster, Türen und des Zimmers, das den Raum erst bewohnbar macht, ist nicht die Ursache, d. h. die kausale Ursache des umgebenden Etwas, und doch wird das Wirkliche, das Reale erst zur Wirkung gebracht durch diese Leere, diesen Abstand.

Wenn man nun aber auch nicht sagen kann, daß der SINN die Dinge verursacht, so ist er doch der teleologische Grund der Dinge. Hier kommen wir nun auf eine sehr merkwürdige Intuition des Lautse: nämlich obwohl der SINN jenseits der körperlichen Wirklichkeit und damit auch jenseits von Einheit und Vielheit ist, so ist in ihm doch eine innere Mannigfaltigkeit angelegt, die natürlich den Sinnen unzugänglich ist:

„Man schaut nach ihm und sieht es nicht,
  das heißt mit Namen: das Luftige.
Man horcht nach ihm und hört es nicht,
  das heißt mit Namen: das Dünne.
Man greift nach ihm und faßt es nicht,
  das heißt mit Namen: das Unkörperliche.
Diese drei lassen sich nicht auseinanderhalten,
So sind sie durcheinander und bilden eins.
Sein Oben ist nicht heller,
Sein Unten ist nicht dunkler,

---

[1]) Wörtlich: Brauchbarkeit.

Ununterbrochen zieht es sich hin,
So daß man es nicht benennen kann.
Er kehrt wieder zurück ins Nichtdingliche:
Das heißt die gestaltlose Gestalt,
Das dinglose Bild,
Das heißt das Neblig-Verschwommene.
Ihm entgegentretend sieht man nicht sein Antlitz, ihm folgend
sieht man nicht seinen Rücken."

Es handelt sich also um eine Konzeption, die auf der Grenze der Welt der Erscheinungen liegt. Sie ist jenseits der Erscheinungen, die die sinnlich-wirkliche Welt konstituieren, sie ist unsichtbar, unhörbar, untastbar. Aber die Qualitäten der sinnlichen Wahrnehmbarkeit sind keimartig doch schon in ihr angelegt, obwohl alles Räumliche: Oben und unten, vorn und hinten, rechts und links in der Ununterschiedenheit aufgehoben ist. Diese Keime nun deuten auf etwas, das erstens irgendwie der Sichtbarkeit entspricht, etwas Bildartiges — man ist hier unwillkürlich versucht, an die platonischen Ideen zu denken —, zweitens irgendwie der Hörbarkeit entspricht, etwas Wortartiges — man könnte hierbei an den λόγος denken —, drittens irgendwie der Ausgedehntheit entspricht, etwas Gestaltartiges. Aber dieses Dreifache ist nicht deutlich geschieden und definierbar, sondern ist eine unräumliche (kein oben und unten) und unzeitliche Einheit (kein vorn und hinten). Um zu verstehen, wie das gemeint sein kann, muß man sich daran erinnern, daß z. B. Mozart erzählt, daß manche Musikstücke ihm einheitlich und gleichzeitig vor dem inneren Sinn gestanden haben — eine künstlerische Intuition, die auch sonst ihre Parallelen hat. Daher kann man es nicht benennen, es ist gestaltlose Gestalt und dingloses Bild.

Immerhin handelt es sich nach der Auffassung des Lautse um eine innere Stufenfolge, um eine Annäherung an das Wirkliche: vom Bild durch den Namen zur Gestalt. So heißt es an einer andern Stelle:

Der SINN bewirkt die Dinge
Ganz neblig, ganz verschwommen.
So verschwommen, so neblig
Sind in ihm Bilder,
So neblig, so verschwommen
Sind in ihm Dinge!
So innerlich, so dunkel
Sind in ihm Samen!
Diese Samen sind ganz wahr,
In ihnen ist Zuverlässigkeit.
Von alters bis heute
Verschwinden nicht diese Namen,
Mit denen alle Wesen benannt werden können;
Denn woher weiß ich denn, daß alle Wesen so sind (wie sie sind)?
Eben durch sie —

Hier wird ganz deutlich der Prozeß angedeutet, der zur Verwirklichung führt. Erst heißt es:

So verschwommen, so neblig
Sind in ihm Bilder!

Dann kommt der Umschlag:

So neblig, so verschwommen
Sind in ihm Dinge!

Nachdem so — wenn auch übersinnliche — Dinge vorhanden sind, entsteht das Problem des Erkennens. Der Grund, warum man nach Lautse die Dinge erkennen kann, ist, daß jedes Ding tief innerlich samenartige, essentielle Qualitäten hat, die das eigentliche, innerste

Wesen des Dinges mit zuverlässiger Deutlichkeit repräsentieren. Darum heißt es:
> Diese Samen sind ganz wahr,
> In ihnen ist Zuverlässigkeit...

Diese Eigenschaften der Dinge, wie z. B. die Kälte und die weiße Farbe des Schnees, sind durchaus zuverlässige Wirklichkeiten für das Erkennen. Diese Wirklichkeiten sind befaßt in den Namen, den überzeitlichen Begriffen der Dinge. Diese Begriffe dauern, während die durch sie befaßten Erscheinungen der Dinge dem zeitlichen Wechsel, dem Werden und Vergehen unterworfen sind. Der Schnee fällt, der Schnee schmilzt, aber der Begriff des Schnees bleibt. Die einzelnen wirklichen Menschen werden geboren, sie sterben, aber der Begriff Mensch verschwindet nie. Darum heißt es:
> Woher weiß ich denn, daß alle Wesen so sind?

Eben durch sie, d. h. die Namen, die Begriffe. Zur Erkenntnis ist man wesentlich auf die Begriffe angewiesen.

So hat hier Lautse eines der wichtigsten Probleme der älteren chinesischen Philosophie angeschnitten, das Jahrhunderte lang einen Gegenstand der Untersuchung bildete: das Problem des Verhältnisses von Begriff und Wirklichkeit — das im indischen Nama-Rupa auch enthalten ist.

Die Wirklichkeit ist begrifflich erkennbar, weil die Begriffe nicht bloß willkürliche Namen sind, sondern weil in den Dingen selbst etwas irgendwie Rationales der Begriffsbildung entgegenkommt.

Aber obwohl Lautse die Bedeutung der Begriffe für die Erkenntnisbildung sehr wohl kennt, ist das Problem damit für ihn nicht erledigt, daß er weiß, daß die Namen, die Begriffe ein nützliches Werkzeug des Erkennens sind. Denn hier erhebt sich für ihn eine sehr große Gefahr. Durch die Bewußtheit, die Erkenntnis entsteht für ihn wie für die Paradiessage eine Art Sündenfall. Denn nun wird das Einzelne aus seinem Mutterboden herausgelöst und verliert den organischen Zusammenhang mit dem Fluß des Lebens. Das Individuum ist da, und mit der Bewußtheit zugleich taucht die Selbstsucht auf, damit aber das „Widersinnige", das zum Tode führt, je mehr des Lebens Fülle begehrt wird. Begriffe führen zu Erkenntnis, Erkenntnis führt zu Begehren, Begehren führt zu Selbstsucht, Streit, Gegensatz, Tod und Untergang. Und nicht etwa nur das Wissen um das Böse hat diese Folgen, sondern jedes Erkennen. Denn jedes Erkennen setzt mit seinem Objekt zugleich dessen Gegensatz. Aus der ursprünglichen Einheit tritt man mit dem Erkennen heraus in den Dualismus und muß da nun Partei nehmen.

Wenn alle Menschen auf Erden das Schöne als schön erkennen,
So ist damit schon das Häßliche gesetzt.
Wenn alle Menschen auf Erden das Gute als gut erkennen,
So ist damit schon das Böse gesetzt.

Darum ist Lautse alles andere als kulturfreudig. So hat er den bekannten Angriff auf das Leben in Erkenntnis und Kultur ausgeführt, der in den von ihm beeinflußten Kreisen noch Jahrhunderte lang nachgewirkt hat:

„Die Farben machen der Menschen Augen blind,
Die Töne machen der Menschen Ohren taub,
Die Geschmäcke machen der Menschen Gaumen schal,
Rennen und Jagen machen der Menschen Herzen toll,
Schwer zu erlangende Güter machen der Menschen Wandel lahm."

Hier ist nun ein schwebender Punkt der Weisheit des Lautse. Die Namen entstehen mit einer gewissen Notwendigkeit aus dem SINN, und so weit sind sie an ihrem Platze — solange sie nicht übergreifen — als Prinzip der Individuation ganz gut, sie leiten hinüber zur Wirklichkeit. Nur sind sie nicht das Höchste. So heißt es gleich zu Beginn des Buchs vom SINN und LEBEN:

„Der SINN, den man ersinnen kann, ist nicht der höchste Sinn.
Die Namen, die man nennen kann, sind nicht die höchsten Namen.
Das Namenlose ist der Anfang von Himmel und Erde,
Das Namenhabende ist die Mutter aller Einzelwesen.
Darum muß man sich an das höchste Nichtsein halten, wenn man
    seine Geheimnisse schauen will,
Und an das höchste Sein, wenn man sein Äußeres schauen will."[1])

---

[1]) Die Übersetzung des Anfangs dieser Stelle lautet bei de Groot (Universismus, Berlin 1918) folgendermaßen:
„Im Tao (dem „Weg" des Weltalls) sollt ihr wandeln — es ist nicht ein gewöhnlicher Weg; seinen Ruhm sollt ihr rühmen — der ist kein gewöhnlicher Ruhm. Als Tao noch keinen Ruhm (unter den Menschen) hatte, war es schon des Himmels und der Erde Anfang, und seit es diesen Ruhm hat, ist es die Mutter (Genitrix) gewesen, von allem, was besteht." De Groot gibt hier nicht, wie es vielfach aufgefaßt wurde, eine vollkommen willkürliche Übersetzung, sondern er folgt einer chinesischen Richtung, die im Taoteking weiter nichts sieht als Anweisungen einer bestimmten Yoga-Praxis. Nun sind im Taoteking zweifellos Andeutungen für mystische Übungen vorhanden — er ist in seiner heutigen Gestalt kein einheitliches Werk, sondern hat spätere Zusätze, und auch Lautse selbst kennt die Schau, die Intuition als Wissensquelle, die der rationalen Erkenntnis weit überlegen ist. Dennoch lehne ich die Richtung, um die es sich hier handelt, ab, da sie späteren Ursprungs ist. Dschuangdsï, der unter allen in Betracht kommenden Schriftstellern Lautse am nächsten steht, hat eine ganz unzweideutige Umsetzung der Anfangsworte in ein moderneres Chinesisch, wenn er sagt, „Der ersinnbare SINN ist nicht der SINN."

Hier haben wir deutlich den Stufenunterschied des Namenhabenden und Namenlosen. Es ist nicht wesensverschieden, sondern das Namenlose ist nur das Tiefere, Geheimnisvollere, das Himmel und Erde, die unsichtbaren und sichtbaren Welten, das Schöpferische und das Empfangende Prinzip in die Wirkung treten läßt, während das Namenhabende die Geburt der zahllosen, unterschiedenen Einzeldinge bewirkt. So gelangt man durch das Namenlose, das höchste Nichtsein zu den Geheimnissen der Welt, während man durch Anwendung der Namen, der Begriffe die Welt nur von außen „in ihren Zwischenräumen" erkennt.

Die Entwicklung des Erkennens, den intellektuellen „Sündenfall" schildert Lautse sehr bezeichnend:

„Der SINN als höchster ist namenlose Einfalt.
Obwohl klein wagt die Welt ihn nicht zum Diener zu machen.
Wenn Fürsten und Könige ihn so wahren könnten,
So würden alle Dinge sich als Gäste einstellen.
Das Volk würde ohne Befehle von selbst ins Gleichgewicht kommen.
Wenn erst das Dasein der Namen geschaffen,
So erreichen die Namen auch das Dasein.
Da kommt denn auch das Erkennen herbei.
Kommt das Erkennen herbei, so entsteht dadurch die Unordnung."

Die Aufgabe der Leiter der Menschen besteht nun eben darin, zu verhindern, daß Intellektualismus und Rationalismus um sich greift:

Dschuangdsï starb etwa ums Jahr 275 v. Chr., lebte also etwa 300 Jahre später als Lautse. Wenn er schon Lautse nicht mehr verstanden haben sollte, wäre es jedenfalls für moderne Europäer ausgeschlossen, ihn besser zu verstehen. Wir müssen uns also doch wohl trotz des Reizes einer paradoxen Übersetzung mit dem Traditionellen begnügen.

„Die in alten Zeiten das Lenken ausübten,
Taten es nicht durch Aufklärung des Volkes,
Sondern sie machten es töricht.
Daß das Volk schwer zu lenken ist,
Kommt daher, daß es zu viel weiß.
Darum wer durch Wissen das Reich lenkt,
Ist des Reiches Verderb;
Wer nicht durch Wissen das Reich lenkt,
Ist des Reiches Glück."

Es werden auch die Methoden aufgezeigt, wie man den Leuten das viele Wissen und die damit verbundene Unzufriedenheit abgewöhnen kann:

„Der SINN als höchster macht nichts,
Und nichts bleibt ungemacht.
Wenn Fürsten und Könige ihn wahren können,
So werden sich alle Dinge von selbst entwickeln.
Entstehen dann im Lauf der Entwicklung die Wünsche,
So fessle ich sie durch namenlose Einfalt.
Herrscht namenlose Einfalt, so auch Wunschlosigkeit.
Wunschlosigkeit macht still.
Und die Welt ordnet sich von selbst."

Und Lautse zeigt auch den zu allen Zeiten gangbaren Weg, wie man das Volk zur Ruhe bringen kann:

„Wenn man die Tüchtigen nicht hochstellt,
  Macht man, daß das Volk nicht streitet.
Wenn man schwer zu erlangende Güter nicht wert hält,
  Macht man, daß das Volk nicht stiehlt.
Wenn man nichts Begehrenswertes zeigt,
  Macht man, daß des Volkes Herz nicht verwirrt wird."

Darum wirkt des Weisen Leitung also:

„Er leert ihre Herzen,
Er füllt ihren Leib,
Er schwächt ihren Willen,
Er stärkt ihre Knochen
Und macht, daß das Volk ohne Wissen und ohne Wünsche bleibt."

Es ist der bewußte Gegensatz zu aller Betonung des Fortschritts und zu aller Kulturpolitik, den Lautse hier predigt. Die chinesische Welt damals hatte unter all der Kultur, all der Konkurrenz, all der Volksbelehrung, all der nationalen Begeisterung, all der Religion, all der Moral, all der Heiligkeit und Scheinheiligkeit, da immer ein Heilmittel das andre verdrängte und der Teufel dauernd durch Beelzebub ausgetrieben wurde, genug an Not und Unglück erlebt. Man war der vielen Ärzte des kranken Mannes und der vielen Weltverbesserer nachgerade satt geworden. Endlich sollte die Welt einmal zur Ruhe kommen, und der paradiesische Urzustand sollte die Menschen wieder an der allnährenden Mutterbrust der Natur vereinigen. So malt denn Lautse im letzten Abschnitt seines Büchleins als Ideal eine Utopie, die keineswegs kulturfördernd erscheint:

„Ein Reich mag klein sein und wenig seine Bürger.
Geräte, die der Menschen Kraft vervielfältigen,
Lasse man nicht gebrauchen.
Man lasse die Leute den Tod wichtig nehmen und
Nicht auf weite Reisen gehen.
Und wären auch Schiffe und Wagen da,
Soll niemand darin fahren.
Und wären auch Wehr und Waffen da,
Soll nirgends man sie zeigen.
Man lasse das Volk wieder Stricke knoten
   Und zu Mitteilungen verwenden.
Man mache seine Wohnung friedlich
   Und fröhlich seine Sitten.
Nachbarvölker mögen in Sichtweite sein,
   So daß man der Hähne und der Hunde Laut gegenseitig
      [hört.
Und doch: das Volk stirbt hochbetagt,
   Ohne hin und her gereist zu sein."

Das ist die tatsächliche Auswirkung der Vorstellung des Namenlosen. Diese Lehren würden alle Verkehrs:
erleichterungsmittel, alle militärischen Rüstungen, alle arbeit: und zeitsparenden Maschinen, alles weithin wir:
kende und lange aufzubewahrende Schrifttum und der:
gleichen Kulturprodukte vollständig vernichten und die Menschheit in das uralte, wissensfreie, wunschlose, ver:
kehrsfreie Utopien zurückführen.

Lautse hat in seinen Anschauungen manches Kommu:
nistische, ja Anarchistische. Aber das alles ruht bei ihm auf der Überzeugung, daß menschliches Machen über:
flüssig ist, weil der SINN als allgemeines Weltgesetz wirkt und schafft und schon von selber für Ordnung sorgt. Was wider die Natur ist, wird durch den Natur:
lauf selbst beseitigt. Die ewig wandelnde Natur duldet kein Starres, im Egoismus sich Verfestigendes, alle Ein:
seitigkeiten müssen immer wieder ausgeglichen werden. Das liegt ganz selbstverständlich im Lauf der Welt:

„Der SINN des Himmels streitet nicht
Und weiß doch zu siegen.
Er redet nicht
Und weiß doch Antwort zu finden.
Er wirkt nicht,
Und doch kommt alles von selbst.
Er ist gelassen
Und weiß doch zu planen.
Das Netz des Himmels ist so groß, so groß,
Weitmaschig und verliert doch nichts."

Alle Einseitigkeiten werden im Lauf der Zeit von der Natur selbst immer wieder ausgeglichen:

„Was halb ist, wird ganz werden,
Was krumm ist, wird gerade werden,

Was leer ist, wird voll werden,
Was alt ist, wird neu werden,
Was wenig ist, wird erreichen,
Was viel ist, wird verlieren."

Die Natur duldet nichts Widernatürliches. Der Mensch braucht sich mit seinen Strafen und Belohnungen gar nicht einzumischen. Er verdirbt dabei mehr, als er gut macht:

„Es gibt stets einen Töter, der tötet.
Wollte man anstelle des Töters töten,
So wäre das, wie wenn man statt des Zimmermeisters hacken wollte.
Wer statt des Zimmermeisters hacken will,
Kommt selten davon, ohne daß er sich die Hand verletzt."

Auf diese Macht, die dafür sorgt, daß das Rechte mit gesetzmäßiger Notwendigkeit geschieht, ist nun auch die persönliche Ethik des Lautse eingestellt: Zufriedenheit, Genügsamkeit und Friedsamkeit, Nichtstreiten sind die beiden Pole der persönlichen Ethik des Lautse, deren Grundsätze für ihn allerdings beim Individuum nicht ihre Grenze finden, sondern sich selbstverständlich auch ausdehnen auf kleinere und größere Gemeinschaften; denn die zweifelhafte Logik, daß für den Einzelnen etwas Pflicht sein könne, worüber die Gemeinschaft als solche sich hinwegzusetzen das Recht habe, wäre dem alten Manne mit seinem scharfen Denken unverständlich gewesen. So sagt Lautse mit Beziehung auf die Genügsamkeit:

„Es gibt keine größere Sünde als viele Wünsche,
Es gibt kein größeres Übel als kein Genügen kennen,
Es gibt keinen größeren Fehler als haben wollen.
Darum: Das Genügen des Genügenkennens ist dauerndes Genügen."

Über die Friedfertigkeit hat er ebenso bestimmte Ansichten. Man wird nicht umhin können, ihn der vielgeschmähten Sekte der Pazifisten zuteilen zu müssen, und zwar der Pazifisten aus Religion.

„Daß Ströme und Meere aller Täler Könige sein können,
Kommt daher, daß sie es verstehen, unten zu sein.
Darum können sie aller Täler Könige sein."

„Wer nicht streitet, mit dem kann niemand auf der Welt streiten."

„Höchste Güte ist wie das Wasser.
Das Wasser nützt allen Wesen und streitet nicht.
Es weilt an Orten, die alle Menschen verabscheuen,
Darum kommt es nahe dem SINN."

„Von allem Weichen und Schwachen auf Erden ist nichts mehr so
  als das Wasser,
Und doch ist ihm nichts überlegen im siegreichen Angriff auf das
  Harte:
Durch nichts kann es verwandelt werden.
Daß das Schwache das Starke besiegt,
Daß das Weiche das Harte besiegt:
Niemand auf Erden weiß das nicht,
Niemand auf Erden versteht danach zu tun."

Daß es sich bei diesem Nichtstreiten um keine Schwäche handelt, sondern um die souveräne, unbehinderte Betätigung der eignen Art, die sich auch durch Verkennung und Abweisung nicht beeinflussen läßt, erhellt aus dem schönen Spruch:

„Gegen die Guten bin ich gut,
Gegen die Nichtguten bin ich gleichfalls gut;
Denn das Leben ist ja Güte.
Gegen die Treuen bin ich treu,
Gegen die Untreuen bin ich gleichfalls treu;
Denn das Leben ist ja Treue."

Hierdurch ist auch der bekannte Satz des Lautse erklärt, den Kungtse ablehnte:
„Vergeltet Haß mit Leben!"
Der chinesische Gelehrte Hu Schï Dschï, einer der bedeutendsten Köpfe der modernen Pekinger Philosophenschule, sagt dazu:
„Diese Lehren sind ebenfalls eine Reaktion auf die Zeitumstände. Jene Zeit war eine Zeit jahrelanger Kriegsnöte. Die Kleinstaaten konnten sich nicht schützen, die Großstaaten ihrerseits stritten um die Vorherrschaft und waren nicht gewillt, einander sich unterzuordnen. Lautse lebte in dieser Zeit und wußte genau, daß der Machtkampf dadurch, daß man Gewalt durch Gewalt abwehrt, nur immer heftiger wird und keine Grenzen hat. Nur durch die Wirkung des äußerst Schwachen kann man der Stärke und Gewalt die Spitze bieten. Ein Sturmwind zerbricht nicht Weidenzweige. Die Zähne fallen wohl aus, aber die Zunge bleibt erhalten. Und das schwache und weiche Wasser vermag die Felsen zu öffnen und Flußbetten zu graben. Beim Verkehr der Menschen ist es ebenso... So zeigte Lautse den Unterdrückten und Schwachen seiner Zeit, sowohl unter den Staaten als unter den Einzelmenschen, einen Ausweg. Er wollte, daß die Menschen nicht „auf Erden die Ersten zu sein begehrten", er hieß die Menschen „Haß zu vergelten mit Leben". Er wollte, daß die Kleinstaaten den Großstaaten sich unterwerfen und die Großstaaten sich den Kleinstaaten unterwerfen. Er sagte, daß es nichts schade, wenn man zunächst Verluste zu erleiden und Schande zu erdulden habe. Er lehrte, daß „die Dinge

erst abnehmen und dann zunehmen, oder erst zunehmen und dann abnehmen", und daß „die Gewaltigen nicht eines natürlichen Todes sterben". Dieser Satz enthält seine Auffassung vom SINN des Himmels. Er war überzeugt von dem weitmaschigen, aber nichts verlierenden Netz der Naturgesetze. Darum galt es für ihn, allem den natürlichen Verlauf zu lassen... In der Welt gibt es einen ‚Töter, der tötet'; darum finden die Gewalttätigen nicht ihren natürlichen Tod."

Das ist heute natürlich eine sehr unzeitgemäße Lebensweisheit. Sie war es übrigens damals auch schon. Auch Lautse war sich dessen bewußt, indem er folgendes Kriterium der Wahrheit aufstellt:

„Hört ein Weiser höchster Art vom SINN,
So beschließt er, danach zu tun.
Hört ein Weiser mittleren Schlags vom SINN,
So erklärt er sich damit einig bis auf einen gewissen Grad.
Hört ein Weiser niederer Art vom SINN,
So lacht er laut darüber.
Wenn er nicht wirklich tüchtig darüber lacht,
So ist es noch nicht der eigentliche SINN!"

Lautse weiß aber auch, daß man mit solchen Ansichten keinen großen Anhang gewinnen kann. Er macht einmal seinem Herzen Luft in einer Stelle, die ganz an den Propheten Jeremia, seinen Zeitgenossen in Israel, erinnert. Sie sei zum Abschluß hergesetzt:

„Alle Menschen sind so hochgemut,
Als ob's zur Opferfeier ginge,
Als ob's zu Frühlingsfesten ginge,
Nur ich bin im Zwielicht,
Noch ward mir kein Zeichen,
Wie ein Säugling, der noch nicht lächelt,
Unstet bin ich, als hätt' ich keine Heimat.

Alle Menschen haben Überfluß:
Nur ich bin wie verlassen.
Ich habe das Herz eines Toren,
Ach wie so trübe!
Die gewöhnlichen Menschen sind alle so helle,
Nur ich bin im Dunkeln.
Die gewöhnlichen Menschen sind alle so wissend,
Nur ich bin gedrückt.
Wie rauscht es um mich, als wie ein Meer!
Wie stürmt es in mir, wie ohne Ziel!
Alle Menschen haben ihre ernsten Zwecke,
Nur ich steh' wie ein Bettler so töricht in der Ecke.
Nur ich bin anders als die Menschen:
Doch köstlich ist mir's, von der Mutter mich zu nähren."

ERZIEHUNG ZUM GEMEINSCHAFTS-
LEBEN

Der Anblick der chinesischen Geschichte ist von dem der europäischen Geschichte, namentlich der modernen Zeit, grundsätzlich verschieden. In Europa geht die historische Bewegung zumeist von unten nach oben. Immer neue Schichten drängen sich ans Licht der Geschichte hervor mit ihren Ansprüchen, die zunächst von den herrschenden Schichten bestritten werden, bis sie schließlich im Verlauf eines längeren oder kürzeren Kampfes anerkannt werden müssen. Die europäische Geschichte ist so von einer Seite aus gesehen eine Geschichte fortwährender sozialer Revolutionen.

So ist denn auch der Typus der großen Männer, die die europäische Geschichte zumeist bestimmt haben, eine ganz bestimmte Gestalt: halb Krieger, halb Staatsmann. Er oktroyiert mit Gewalt seine Ordnung der Gesellschaft, und das Hauptziel aller dieser Persönlichkeiten von Alexander bis auf Napoleon ist die Macht, und zwar vorzugsweise — zum mindesten an allen entscheidenden Punkten — die grob-materielle kriegerische Gewalt, die erst die Grundlagen für alles Weitere bilden muß.

Hier haben wir nun in der chinesischen Geschichte prinzipiell verschiedene Aspekte. Gewiß kennt die chinesische Geschichte den Typus des Krieger-Staatsmanns, wie er in Europa herrscht, auch. Aber diese Persönlichkeiten werden nicht bewundert. Sie sind die großen Bösewichter und Sündenböcke der chinesischen Historie. Und nichts ist in dieser Hinsicht bezeichnender als die Sympathie, mit der Europäer, die sich mit chinesischer Geschichte zu beschäftigen anfangen, diese Persönlichkeiten herausfinden und begrüßen, wie sie sie retten von den vermeintlichen Vorurteilen, von denen sie durch die chinesischen Historiker erstickt waren, und ihnen nachträglich in Europa einen Ruhm verschaffen, der ihnen in China dauernd versagt blieb. Als das bekannteste Beispiel darf vielleicht auf den Gewaltmenschen Tsinschïhuangti hingewiesen werden, der in Europa zeitweise so beliebt war, daß Maximilian Harden lange Artikel in der „Zukunft" über ihn schrieb.

Chinas Ideal des Herrschers ist ein verschiedenes, und das hat zum großen Teil den Verlauf der chinesischen Geschichte bestimmt. Weit mehr als die Gewalt und der Ruhm tritt die Verantwortung hervor. So ist es kein Zufall, daß an der Spitze der chinesischen Geschichte, wie sie durch das Konfuzianische Dogma festgelegt ist, drei Männer stehen, die unter den großen Herrschern Europas keine Parallelen haben: die Herrscher Yau, Schun und Yü. Man kann in ihnen die Prinzipien des Schöpfers, Förderers, Arbeiters verkörpert sehen. Sie heben sich nicht durch Pracht und Herrlichkeit von der Bevölkerung ab, vielmehr ist primitive Einfachheit ihrer Lebensgewohnheiten ein wesentlicher Bestandteil der Überlieferung. Es waren Leute, die nicht in goldnen Herrscherträumen ihre Jugend zugebracht, sondern die die Härten und Schwierigkeiten des Lebens unmittelbar erfahren. Nichts ist pathetischer als die Schilderungen bei Mongdsï, wie Schun in seiner Jugend auf dem Feld bei der Arbeit steht und zum hohen Himmel hinaufklagt, daß es ihm nicht gelingt, seine Eltern, die ihn dauernd mit ihrem Haß verfolgen, innerlich zu gewinnen, wie er zu leiden hat von den Unterdrückungen seines Bruders, der immer wieder Anschläge auf sein Leben macht, und dem er immer wieder die verzeihende Bruderhand darreicht.

So ist es auch bezeichnend, daß grade diese drei Musterherrscher nicht durch die Macht der Legitimität der Erbfolge auf den Thron kamen, sondern daß sie unmittelbar durch die Wucht ihrer Verdienste in eine Stellung gebracht wurden, da weder sie noch ihr Vorgänger ein Recht hatten, Vorkehrungen zu treffen, durch die sie der Last der Verantwortung entgingen. Erst im Hause des Yü, des dritten unter ihnen, begann die Erbfolge einzusetzen.

Für die Art, wie man sich in China den idealen Herrscher dachte, sind die Erzählungen bezeichnend, die von diesen Heroen überliefert sind. Daß es sich dabei um Sagen handelt, ist völlig gleichgültig, denn nicht um Feststellung des historischen Sachverhalts handelt es sich für uns hier, sondern um das Verständnis dessen, was man in China unter Staat und Gemeinschaft verstand, und solche Dinge drücken sich unter Umständen in Sagen am reinsten aus.

Von Yau heißt es, daß er sich umgeben hat mit den Tüchtigsten der Zeit. Seine Großtaten sind Eroberungen nicht kriegerischer Art, sondern Eroberungen auf dem Gebiet der Einheimischmachung des Menschen unter den Naturverhältnissen: die Ordnung der Zeiten, die erste wissenschaftliche Beobachtung des Himmels, die daraus sich ergebenden Festsetzungen für die Grundlage des Lebens, den Ackerbau. Und zu den schwersten Verbrechern gehören in jenen alten Zeiten die ungetreuen Vasallen Hi und Ho, die mit der Beobachtung der Himmelskörper betraut waren und ihre Kunde in Verfall geraten ließen durch Leichtsinn und Wohlleben und so die ganze Lebensordnung des Volkes in Frage stellten. Der Herrscher selbst war wie anonym. Er trat zurück hinter den Dienern, die er berufen, und höchste Regierungskunst ist auch nach konfuzianischem Ideal — ebenso wie nach dem des Lautse — das „Nichtmachen". Und die Grundlagen der Ordnung muß der Herrscher schaffen, die so ausgeglichen sind, daß alles Leben in der Gemeinschaft sich wie von selbst versteht. Von Yau wird erzählt, daß er verborgen und unerkannt im Lande zu reisen pflegte; da habe er eines Tages das Lied eines Bauern gehört:

> „Ich baue meinen Acker und habe zu essen,
> Ich grabe meinen Brunnen und habe zu trinken,
> Des Herrschers Gnade: was brauch' ich die?"

Hocherfreut habe Yau darauf zu seiner Umgebung gesagt: „So ist zu hoffen, daß meine Regierung nicht grausam ist, wenn das Volk gar nichts davon merkt."

Schun, der Förderer, der von Yau selbst als Nachfolger eingesetzt war, obwohl er aus niedrigem Stande war, zeichnet sich nun vor allem dadurch aus, daß er die Verdienste der Menschen erkannte und — sich neidlos ihrer freute. Wo er etwas Gutes an einem Menschen sah, da erlebte er es so intensiv, als sei es sein eignes Gutes, und er stürzte sich darauf zu mit der unwiderstehlichen Gewalt eines Wasserfalls. Bezeichnend für die Auffassung der Gewalt, die diesen Herrschersagen zugrunde liegt, ist nicht nur das Verhältnis zu seinem Stiefbruder, dem gegenüber er auf Rache und Ausübung seiner Rechte vollkommen verzichtete — nur immer bestrebt, die Macht des Guten in sich selbst zu stärken, so daß es schließlich alle feindlichen Einflüsse überwinden mußte —, sondern auch eine Episode aus seiner Regierungszeit. Wilde Stämme der Nachbarschaft hatten sich empört und waren aufsässig geworden. Man sandte eine Strafexpedition gegen sie aus, die jedoch keine Unterwerfung zuwege brachte. Da entschloß sich der König, durch vermehrte Kraft des Guten zu wirken. Er führte eine vollkommen schöne Musik ein von solcher Gewalt, daß auch die Natur dadurch beeinflußt wurde. Die heiligen Pantomimen wurden mit solcher Schönheit ausgeführt, daß die ganze Bevölkerung innerlich beeinflußt wurde, und schließlich — stellten sich auch die Barbaren von selbst ein und unterwarfen sich.

Der Arbeiter endlich, Yü, hatte eine Aufgabe, die für die ganze chinesische Geschichte richtunggebend blieb. China hat nämlich insofern eigenartige geographische Verhältnisse, als die ganze große nordchinesische Ebene von Natur zum Mündungsdelta des gelben Flusses bestimmt zu sein scheint, der durch den aus seinem Oberlauf mitgebrachten Löß, den er absetzt von dem Ort an, da er die Ebene betritt, sein Bett dauernd aufhöht, so daß es zu regelmäßigen Überflutungen kommt, in deren Verlauf er sich ein neues Bett sucht, wobei seine Mündung zwischen Tientsin im Norden und Shanghai in Mittelchina hin- und herpendelt. Diese an sich besonders fruchtbare Ebene ist nur kulturfähig unter der

Voraussetzung, daß der gelbe Fluß irgendwie von Menschenhand reguliert und eingedämmt wird. Und dieses Werk ist es nun, das in seinem Beginn mit dem Namen des großen Yü verbunden ist, der dabei oft nicht Zeit hatte zum Essen, der an seinem Haus vorbeigekommen sein soll, als ihm eben ein Knäblein geboren war, ohne eintreten zu können, weil die öffentlichen Interessen seine sofortige Weiterreise nötig machten. Das Werk dieser Flußregulierung großen Stils ist nun das Grundlegende der chinesischen Gesellschaft, und es ist ganz klar, daß eine ganz andere Gesellschaftsorganisation sich bilden muß, wo es gilt, die Menschen zu einem solch friedlichen Ringen mit der Natur zu vereinen, als wo die Heeresmacht eines Eroberervolks den Kern der Gesellschaft bildet. Die chinesische Lösung des Gemeinschaftsproblems liegt nun eben darin, daß die Führerpersönlichkeiten vom Volk getragen sind, das sich mit ihnen eins weiß, und daß der Weg zum Aufstieg für jeden Tüchtigen ohne Schranken irgendeiner Kaste frei ist. Indem die Führer mehr dienen und helfen als herrschen und sich dienen lassen, fällt jene Zersetzung des Gemeinschaftsganzen in eine Oberschicht und Unterschicht weg, die für die europäische Geschichte so unheilvoll geworden ist. Das chinesische Volk ist bis auf den heutigen Tag im wesentlichen einschichtig.

Das führt zu einem weiteren Unterschied. Wir haben gesehen, daß in Europa die Entwicklung sich im wesentlichen durch Revolutionen hindurch vollzieht, die jedesmal einen Bruch bedeuten, worauf die ins Schwanken geratene Gesellschaft nach verschiedenem

Ausschlagen der Pendelschwingungen nach rechts
und links erst allmählich wieder in einen gewissen
Gleichgewichtszustand kommt, in dem die Arbeit des
Aufbaus jedesmal wieder von vorn begonnen werden
muß. Auch die chinesische Geschichte ist von Unruhen durchwühlt. Gerade die Zeit des Entstehens der
klassischen Lebensweisheit des Lautse und Kungtse war
eine solche Zeit jahrhundertelanger Kämpfe. Aber es
ist dennoch ein Unterschied. In Europa geht es sozusagen bei jeder Revolution wieder hinaus ins Weltmeer
zur Fahrt nach neuen Küsten. Und dabei werden oft
mit unglaublicher Naivität immer wieder dieselben
Fehler begangen. Dagegen in China existieren feste
Grundrisse der Gesellschaftsorganisation, die sich bewährt haben und auf denen jederzeit wieder aufgebaut
werden kann. Eine solche vollkommene Hilflosigkeit
wie die der europäischen Staatsmänner, die den Weltkrieg nicht vermeiden konnten und selbst — den Frieden
von Versailles nicht vermeiden konnten, wäre in China
vollkommen undenkbar. Solche Dinge können dort nur
als äußerst jugendlich und unerfahren beurteilt werden.
Während also die europäische Geschichte sich in immer
wiederholten Revolutionen vollzieht, handelt es sich
für China darum, daß die durch menschliche Unzulänglichkeit der Herrschenden eingerissene Unordnung durch
Rückführung auf das Ideal, durch Reform, wieder zur
Ordnung wird. Das bedeutet eine große Kraftersparnis,
da durch eine feste Tradition die Erfahrungsschätze der
ganzen Vergangenheit jeweils zur Verfügung stehen.
Das ist denn auch der Grund, weshalb die chinesische

Kultur es zu einer so ungemein weitgehenden Konkretisierung ihres gesellschaftlichen Lebens gebracht hat. Damit hängt ein anderes zusammen. Auch die europäische Wissenschaft vollzieht ihre Entwicklung in dauernden Revolutionen. Die Geschichte der europäischen Philosophie zeigt äußerlich betrachtet einen fortgesetzten grundstürzenden Wechsel. Jeder Philosoph beginnt mit einer radikalen Kritik seiner Vorgänger, um nun endlich von sich aus die eigentliche und endgültige Lösung der Lebensrätsel zu verkünden — bis dann sein Nachfolger mit seinem System ebenso gründlich aufräumt wie er mit seinen Vorgängern. Das kommt wohl zum Teil davon her, daß das Objekt der europäischen Wissenschaft vorzugsweise die „Welt" ist. Den äußeren Objekten gegenüber sind natürlich unzählig viele Standpunkte möglich, und je nach diesen Standpunkten werden sich die Einzelheiten ganz verschieden gruppieren. Außerdem werden durch immer mehr verfeinerte Beobachtungsmethoden immer neue Erkenntnisse zutage gefördert, die eine fortwährende Revision der Wissenschaft nötig machen. Das Objekt der chinesischen Wissenschaft ist dagegen in erster Linie der Mensch. Und da gilt das alte chinesische Sprichwort: „Wenn man mit der Axt einen Axtstiel hauen will, hat man das Vorbild gleich zur Hand." Auf dem Gebiet der Menschenerkenntnis lassen sich von dem Moment an, da man überhaupt von Vorurteilen nicht getrübt zu beobachten gelernt hat und intuitiv zu schauen vermag, Resultate erzielen, die von dauerndem Wert sind. Darum kann Lautse oder Kungtse niemals „widerlegt" werden, da sie im wesentlichen richtig gesehen haben und das Objekt ihrer Forschung stets unmittelbar vor Augen hatten.

Es erhebt sich aber hier noch eine sehr ernste Frage. Wenn eine Kultur die Tradition so hochstellt und eine solche organische Entwicklung zeigt wie die chinesische, wird sie da nicht sehr bald den Kreis ihrer Möglichkeiten erschöpfen, wird nicht Stagnation und Versteinerung eintreten? So pflegt denn für den durchschnittlichen Europäer die chinesische Welt die Welt der absoluten Verknöcherung zu sein. Chinesisch ist für ihn gleichbedeutend mit philisterhaft und zopfig, und noch immer findet man selbst in sonst wohl unterrichteten Werken die leichtfertige Redewendung von der chinesischen Mauer, womit man das Urteil abzugeben gedenkt, daß China sich durch diese Mauer von aller Berührung mit dem pulsierenden Leben der Welt abgeschnitten habe. Ganz abgesehen davon, daß die große Mauer keineswegs dazu diente, China von irgendwelcher Kultur abzuschließen, sondern eine dem römischen Limes entsprechende Aufgabe hatte — wie jener die germanischen Barbaren, so sollte die große Mauer die hunnischen Nomaden abhalten —, ist es auch eine ganz verkehrte Auffassung, wenn man in China nur den weltabgeschlossenen, in sich erstarrten Kulturzustand sieht. Gewiß, die chinesische Kultur hat Perioden von Tag und Nacht, wie alles Lebende. In Tagesperioden herrschte jeweils reger Austausch mit andern Kulturkreisen, wie sich im Verlauf der historischen Forschung immer mehr zeigen wird. Daß China während des neunzehnten Jahrhunderts, da Europa seinen brutalen Vorstoß nach Asien vollzog, gerade eine Nachtperiode hatte, ist tragisch. Daß es infolge der rohen Brutalität, mit der Europa sich die Tore Chinas aufhämmerte, nicht sofort bereit war, all die einströmende Unkultur vom Opium bis zum Warenstand, mit dem man Neger zu ködern gewohnt war, begeistert aufzunehmen, ist ein Zeichen, daß es wirklich Kultur besaß. Aber bei näherem Zusehen ergibt sich auch, daß das chinesische Leben keineswegs so unbeweglich sich in bestimmten Kreisen vollzog, wie das dem Blick aus der Ferne erscheint. Für den Fernerstehenden verschwinden ja ohnehin die feineren Unterschiede, die der Geschichte erst das eigentliche Leben geben.

In Wirklichkeit gleicht die chinesische Kultur einer Sonne, die im Verlauf der Jahrtausende immer neue Sternbilder am Himmel des Geistes durchlaufen hat. Um als Beispiel die Kunstentwicklung zu nehmen, so findet sich im höchsten chinesischen Altertum neben einer ungemein großen Bronzekunst eine Entwicklung der Musik, die höchstens in der modernen deutschen Musik Parallelen hat: Es sind Geschichten vorhanden, die beweisen, wie ein Freund aus der Musik seines Freundes die leisesten und unerwartetsten Regungen seiner Psyche entnimmt. Und von Kungtse wird erzählt, daß er aus einem Musikstück aus alter Zeit, das er gelernt, nicht nur den Charakter und das Äußere des Meisters erraten, sondern schließlich diesen selbst intuitiv erkannt habe. In die Jahrhunderte vor und nach Christi Geburt und später fällt die Zeit der großen chinesischen Baukunst und Skulptur, die erst allmählich in den Gesichtskreis Europas einzutreten beginnt und da noch manche Sensation erregen wird. Dann kommt die Tangzeit, in der die lyrische Dichtung den höchsten Gipfel erstieg und in der nicht nur der Buddhismus, sondern auch andre westliche Geistesströmungen in China wirkten und eine der glänzendsten Perioden der Menschheitskultur schufen. Dann kommt die feine Sungzeit mit ihrer Malerei, die mit das Höchste geschaffen hat, was es auf diesem Gebiet gibt. Aber damit ist das chinesische Leben keineswegs am Ende. In der Porzellankunst erhebt sich ein neuer Zweig, der erst unter der Mandschudynastie im 17. und 18. Jahrhundert seine Blütezeit erreicht hat. Und noch immer schlummern neue Möglichkeiten in China. Und unserer Zeit wird es vorbehalten sein, abermals auf einem neuen Gebiet einen Aufschwung chinesischen Geistes mit anzusehen, von dem Anzeichen für den Eingeweihten schon da sind und der sicher kommen wird.

Zusammenfassend können wir sagen: Im Gegensatz zur europäischen Kultur, die von Anfang an in mehr intellektualistischer Weise dem Dinglichen zugewandt war und daher in den Errungenschaften der aus einem Zusammenwirken von Wissenschaft und Industrie hervorgegangenen Technik ihren höchsten Ausdruck findet, während die europäische Gesellschaftskultur nicht über einzelne Versuche hinausgekommen ist, da die Anwendung des mechanischen Machtprinzips hier nicht ausreicht, hat die chinesische Kultur ihre Haupterfolge grade auf dem Gebiet des menschlichen Gemeinschaftslebens errungen. Denn sie ist von Anfang an den Problemen des Zusammenlebens der Menschen in erster Linie zugewandt, das sie auf organischer Grundlage aufbaut, wodurch es ihr gelang, eine Vereinigung von persönlicher Freiheit und selbstverständlicher Einfügung des Einzelnen in die höheren Gesellschaftszusammenhänge zu erreichen, die in ihrer Art wirklich nahezu vollkommen genannt zu werden verdient.

KUNGFUTSE

Der Mann, der die Grundlagen geschaffen hat für diese Gesellschaftskultur und der gleichzeitig die Mittel gefunden hat für ihre Übertragung von Geschlecht zu Geschlecht, war der jüngere Zeitgenosse von Lautse, der unter dem latinisierten Namen Confucius auch in Europa bekannt ist. Im Unterschied von Lautse, dessen äußere Erscheinung im Dunkel der Sage verschwimmt, steht Kungfutse im hellsten Licht der Geschichte. Er ist geboren im Jahr 551 vor Christus und starb im Jahre 479. Sein Geschlechtsname ist Kung. Sein Rufname, der übrigens in China aus ehrfurchtsvoller Scheu nicht ausgesprochen zu werden pflegt, ist Kiu. Seine literarische Bezeichnung ist Dschung Ni. Gewöhnlich wird er in China Kung-Dsï oder Kung-Fudsï genannt, was so viel bedeutet wie Meister Kung. Er war eigentlich praktischer Politiker. Er war in seinem Heimatstaate Lu amtlich angestellt und bekleidete nacheinander die Ämter des Ministers der öffentlichen Arbeiten und des Justizministers. So bedeutend waren seine Erfolge in dieser

Stellung, daß sein Heimatstaat die allgemeine Aufmerksamkeit auf sich zu ziehen begann und im Begriff war, die Vormacht im Reich zu bilden. Das wußten jedoch eifersüchtige Nachbarn zu verhindern, indem sie an die Sinnlichkeit des schwachen Fürsten von Lu appellierten, dem sie ein Geschenk von Pferden und weiblichen Musikanten machten. Das waren Anziehungen, über deren Besichtigung der Hof und der Fürst den unbequemen Mahner Kungtse vernachlässigten, so daß er es seiner Ehre schuldig war, seinen Dienst zu verlassen. Er wanderte nun dreizehn Jahre in allen Staaten umher, um einen Fürsten zu suchen, mit dem zusammen er seine Grundsätze für die Ordnung des Reiches zur Ausführung bringen könnte. Er fand keinen. Enttäuscht kehrte er in seinem achtundsechzigsten Lebensjahr in seine Heimat zurück und wandte sich nun ganz der Aufgabe zu, das Erbe seiner Weisheit der Nachwelt zu überliefern. Er rettete sozusagen den Plan, nach dem das Gebäude der alten chinesischen Kultur errichtet war, für die Zukunft. Denn in der Erkenntnis war er mit Lautse einig, daß dieses ganze Kulturgebäude dem Zusammenbruch geweiht sei, weil die führenden Männer seine Grundlagen preisgegeben hatten und statt dessen im Machtkampf sich gegenseitig aufrieben. So hat er einerseits die Denkmale des Altertums gesammelt und redigiert, auf denen die chinesische Kultur beruhte: Das Buch der Urkunden, das Buch der Lieder, das Buch der Wandlungen sind so entstanden. Ferner hat er vom höchsten Standpunkt echter chinesischer Kultur aus eine unerbittliche Kritik an den modernen historischen Zerfallsprodukten geübt, die wie das Buch eines Richters auf die Jahrhunderte gewirkt hat: Das ist das Buch von Frühling und Herbst, das im Anschluß an die gleichnamigen Staatsannalen von Lu in trockenem Aktenstil die Geschichte der letzten Jahrhunderte erzählt und dadurch von solcher Bedeutung geworden ist, daß darin alle Dinge beim „rechten Namen genannt" werden, wodurch ein abschließendes Urteil über die Ereignisse schon gegeben war.

Aber Kungtse vertraute die Wirkung seiner Lehren nicht einem Kodex von heiligen Schriften an. Die konnten im Verlauf der kommenden Wirren zugrunde gehen — und das ist ja auch tatsächlich mit manchen von ihnen in weitgehendem Maße der Fall gewesen; es sind uns z. B. keine Aufzeichnungen Kungs über die Sitten, über die Musik erhalten, obwohl beides zu den bevorzugtesten Gegenständen seiner Beschäftigung gehörte, und auch die Urkunden sind in sehr trostlosem Zustande auf uns gekommen —. Darum hat er gleichzeitig sich der Heranziehung lebendiger Menschen gewidmet, die einen esoterischen Einblick in das, was er gemeint und gewollt, erhielten, denen er den Schlüssel in die Hand gab zu dem, was er in seine Werke hinein geheimnißt hatte. Es wird erzählt, daß er dreitausend persönliche Schüler gehabt habe, von denen 72 in näherem Verkehr mit ihm gestanden und etwa ein Dutzend ihn auch auf seinen Reisen als seine intimsten Jünger begleitet haben. Sein Werk ist nicht vergebens gewesen. Es hat auf diese Weise den Zusammenbruch der alten chinesischen Gesellschaft überdauert und das Fundament abgegeben für den Neubau der Gesellschaft, der um 200 v. Chr. unter dem Herrscherhause Han begann.

Wenn wir nun die Summe dessen ziehen, was Kungfutse als Ideal aufgestellt hat für die Hineinbildung der jeweils neuen Generationen in den Besitz der Tradition, für die Erziehung zum Gemeinschaftsleben, so müssen wir einen doppelten Weg ihm folgen. Es handelt sich einmal darum, einen Weg zu finden für die Massen der Menschen. Dieser Weg muß möglichst leicht und einfach sein; denn man darf den Menschen nicht zuviel zumuten, sonst können sie es auf die Dauer nicht ertragen, und auf irgendeine Weise mißlingt das Geschäft der Erziehung dann. Die Menschen müssen zu ihrem wahren Wohle geleitet werden durch Führerpersönlichkeiten. Und hier gilt es nun höchste Anspannung und Kraftentfaltung zu erzielen; denn nur solche Menschen, die sich seelisch vollständig durchgebildet haben, die frei von aller Willkürlichkeit und Unbeherrschtheit ihr Wesen vollkommen in der Hand haben, werden imstande sein, andere Menschen zu leiten.

Was nun das erste anlangt, die Bildung des Volks in seiner großen Masse, so hat Kung hierfür zwei Eigenschaften benutzt, die tief in der menschlichen Natur gewurzelt sind, die nicht erst künstlich gezüchtet, sondern als Naturkräfte nur so geleitet zu werden brauchen, daß sie die für das Gemeinschaftsleben nötige Arbeit leisten. Diese beiden Grundtriebe sind die Ehrfurcht und die Sitte.

Die Ehrfurcht, die von knechtischer Furcht ebensoweit entfernt ist wie von plumper Vertraulichkeit, erwächst den Kindern im Schoß der Familie ganz von selbst, wenn sie nur nicht von den Erziehenden künstlich ausgerottet wird. Daß dieses wertvolle Kapital in Europa fast gänzlich vergeudet ist, kommt von dem grundlegenden Fehler her, der der europäischen Auffassung von Autorität zugrunde liegt. Man betrachtet nämlich die Autorität in der Regel als ein Recht, das ein Mensch einem andern gegenüber hat auf Grund irgend welcher äußerer Vorzüge, sei es der Lebensstellung, sei es des Besitzes, der größeren Kenntnisse oder Körperkraft, ja selbst des höheren Alters als solchen. Dieses Recht stellt an den andern gewisse Ansprüche auf Anerkennung. Werden diese Ansprüche — wie natürlich — nicht freiwillig anerkannt, so werden sie mit Gewalt durchgesetzt. Man muß dem Kind den Willen brechen, wie man zu sagen pflegt. Das heißt, man muß im Kind entweder den Zustand einer inneren Gebrochenheit und Angst erzeugen, in dem es sich fügt, oder — was namentlich bei gesünderen Kindern der gewöhnliche Fall ist — man muß den Zustand einer Fiktion herstellen, auf Grund dessen der Zögling äußerlich so tut, als ob er die Ansprüche des Erziehers anerkenne, während er sich in jedem unbewachten Moment mit dem besten Gewissen darüber hinwegsetzt. Dies ist z. B. der normale Zustand in der weitaus größten Mehrzahl unserer Schulen, aber auch in einem großen Teil der Familien. Was an der Sache wunderbar erscheinen muß, ist nur das, daß die Objekte einer solchen Erziehung so viele Nachsicht mit ihren Erziehern haben. Es ist z. B. unglaublich, wie viele Undiszipliniertheit, Willkür und Laune sich die

Kinder selbst von Eltern gefallen lassen müssen, die sie aufrichtig liebzuhaben wähnen. Wie viele Mahnungen, Tadel, Strafen, Klagen, Drohungen müssen sie mit anhören! Und mit welcher liebenswürdigen Geduld, die höchstens mit etwas Schalkheit gemischt ist, wissen gutartige Kinder ein solches Gebahren ihrer Erzieher zu ertragen!

Nun ist China das Land der Kindesehrfurcht, und es gibt dort eine große und umfassende Literatur über die Pflichten der Kinder in allen Lebenslagen, die viel weiter geht als alles, was wir in Europa uns in dieser Beziehung ausdenken. Da sollte man denken, daß in China an die Kinder noch weit mehr Anforderungen gestellt würden. Aber das Gegenteil ist der Fall. Die Eltern tun den natürlichen Gefühlen der Zuneigung zu ihren Kindern keinen pädagogischen Zwang an, sondern sie zeigen es ihren Kindern harmlos und offen, daß sie sie liebhaben. Und auch die kindlichen Unarten werden weit läßlicher behandelt als in Europa. Solche Unarten entspringen häufig der mangelhaften Fähigkeit der Kinder, sich in den gegebenen Zusammenhang gleich richtig einzufügen. Man läßt sie zunächst gewähren; denn man ist überzeugt, daß solche Kinderunarten den Stengelblättern der Pflanzen gleichen, die sich bei weiterem Wachstum von selbst verlieren. Ein Moment ist auch, daß die chinesischen Eltern weniger nervös veranlagt sind, so daß sie von dem an sich natürlichen Gebahren der Kinder nicht so leicht gestört werden. Wird ein Kind unzufrieden, weil es nicht weiß, was es will, so wird es irgendwie beschäftigt oder abgelenkt — wobei Mütter und Ammen auch gar oft zu frommem Betrug ihre Zuflucht nehmen; ein Kind „beruhigen" heißt auf chinesisch eigentlich wörtlich ein Kind „betrügen". Solche versprochenen goldnen Berge oder sonstige Dinge nimmt das Kind in der Regel dann auch nicht ernster, als sie genommen zu werden verdienen; die bloße Vorstellung befriedigt seine Einbildungskraft. Und wenn das nicht ausreicht, so werden Geschichten und Märchen erzählt, von denen die chinesischen Frauen stets einen unerschöpflichen Schatz bereit haben.

Das Merkwürdige an der Sache ist nun aber, daß die chinesische Erziehungsweise sich in der Regel durch den Erfolg rechtfertigt. Die Kinder wachsen heran und fügen sich ohne Schwierigkeit in den Familienzusammenhang ein. Schon in früher Jugend bekommen sie ihren Anteil an Pflichten für das gemeinsame Leben zugeordnet, die sie auch willig übernehmen. Man kann oft Kinder, die selbst kaum recht fest auf den Beinen sind, sehen, wie sie schon für ihre noch kleineren Geschwister besorgt sind und so den Eltern von früh auf eine gewisse Arbeit abnehmen. Die Familiengefühle sind so spontan und gewissermaßen pathetisch, daß sich in der chinesischen Lyrik neben Liebesgedichten, wie sie in Europa allein üblich sind, auch Gedichte finden, die ein tiefes und wahres Gefühl kindlicher oder brüderlicher Liebe ebenso stark ausdrücken, wie man in Europa höchstens für die Geliebte schwärmt. Und das ganze Leben dauert diese Anhänglichkeit. Der Chinese mag, um den Lebensunterhalt zu verdienen, genötigt sein, noch so weit in die Ferne zu reisen: stets bleibt er innerlich mit seiner Familie und Heimat verbunden. Wenn er etwas verdient, wird er nie versäumen, von Zeit zu Zeit von dem erworbenen Geld allerlei Geschenke nach Hause zu schicken. Schließlich kehrt er nach Hause zurück, wenn er sich soviel erspart hat, um davon leben zu können, ganz einerlei, ob er in die südasiatische Inselwelt oder nach Kalifornien ausgewandert war. Und wenn es ihm zu Lebzeiten nicht gelingt, so sorgt er wenigstens nach Möglichkeit dafür, daß sein Leichnam in der heimischen Erde ein Ruheplätzchen findet.

Der Grund, warum der Familiensinn in China so schön entwickelt ist, ist — mindestens zum Teil — der, daß das Familienverhältnis in seiner Reinheit gepflegt wird, unvermischt mit einem andern Verhältnis, das in Europa so viel Unfrieden und Mißstimmung in die Familie trägt: der Schule. Ein Vater soll sich nach chinesischer Auffassung nicht mit dem Unterricht seines Sohnes befassen. Denn weil es der eigene Sohn ist, verlangt er zu viel von ihm, in der besten Meinung, um ihn voranzubringen. Bleibt der Sohn hinter den väterlichen Erwartungen zurück, so wird er getadelt und bestraft, und auf diese Weise entfremdet sich langsam aber sicher das Herz des Sohnes von seinem Vater. Statt dessen pflegten im alten China befreundete Familien ihre Söhne zur Erziehung gegenseitig auszutauschen, und noch bis auf den heutigen Tag sind Schulinternate üblich, in denen sich die Schüler getrennt von ihren Familien außer während der Ferien aufhalten.

Der Lehrer hat nun vom Vater die Verantwortung für den ihm übergebenen Schüler übernommen. Eine feierliche Aufnahmebegrüßung findet statt, bei der Lehrer und Schüler einander ehrfurchtsvoll begrüßen; dann zieht der Zögling in das Haus des Lehrers, dem er in früheren Zeiten auch in der Haushaltung helfen mußte. Es bildet sich nun zwischen Lehrer und Schüler ganz von selbst ein neues soziales Verhältnis aus. Der Schüler kommt fremd ins Haus; dadurch hat er für den ihm fremden Lehrer zunächst einen gewissen Respekt. Und Sache des Lehrers ist es, sich nicht gemein zu machen, sondern dem Schüler gegenüber trotz aller Liebe einen gewissen Abstand zu wahren. Diese psychische Temperatur wird nun ihrerseits für die Aufnahme von Kenntnissen und einen fleißig-gesitteten Lebenswandel die beste sein. Für das ganze Schulwesen in China kommt außerdem in Betracht, daß ein Schulzwang nicht besteht. Er wird durch den Lerntrieb ersetzt, der in der chinesischen Jugend ganz allgemein herrscht; denn man kann wohl sagen, daß trotz der großen Schwierigkeit der chinesischen Schrift ihre Kenntnis unter dem Volk im allgemeinen so weit verbreitet ist, als Bedürfnis dafür vorliegt, und man kann beobachten, wie mit großem Fleiß und großer Energie Leute sich noch an das Lernen von Lesen und Schreiben machen, die schon im höheren Alter sind, wenn sie in Stellungen kommen, wo eine solche Kenntnis angezeigt ist. Schon der Umstand, daß alle Schüler freiwillig zur Schule kommen mit der Absicht, wirklich etwas zu lernen, verändert die ganze Lage. Und der beständige Kriegszustand, der tatsächlich öffentlich oder geheim in weitaus den meisten europäischen Schulen herrscht, ist in China unbekannt. Nur die sogenannten modernen Schulen, die unter europäischem und amerikanischem Einfluß in China gegründet wurden, haben im Verhältnis der Schüler zu den Lehrern die Sachlage verändert. So läßt der Konfuzianismus neue soziale Verhältnisse sich organisch aus den alten entwickeln, wobei charakteristisch neue Einstellungen sich von selbst ergeben. Das Verhältnis zu Eltern und Geschwistern erweitert sich zum Verhältnis zu Lehrer und Mitschülern, und in derselben Weise gestaltet es sich dann im staatlichen Leben um als Verhältnis zum Fürsten und den amtlichen Kollegen. Auch in der Ehe ist eine Naturbasis da für die sozialen Pflichten, die sie mit sich bringt. Auf diese Weise sind für das chinesische Gemeinschaftsleben fünf grundlegende soziale Verhältnisse herausgebildet worden, alle unter Verwertung und Ausgestaltung einer gegebenen Naturbasis: 1. Vater und Sohn, 2. Alter und Jugend (ausgehend vom Verhältnis der Brüder), 3. Fürst und Beamte, 4. Gatte und Gattin, 5. Freund und Freund. Daß die Freundschaft in China auch zu den gesellschaftlichen Beziehungen gehört in diesem prägnanten Sinn, hat seine Ursache darin, daß im alten China die Spuren der Männergenossenschaften sich noch vorfinden, wie denn überhaupt die chinesische Gesellschaftsordnung zwar ausgeprägt patriarchalisch ist, aber im Hintergrund immer noch den Zustand des Mutterrechts hervor schimmern läßt, der einer vorangehenden Periode angehörte und mit dem eine Auseinandersetzung stattgefunden hat, um die neuen Richtlinien der Gesellschaftsordnung festzulegen.

Diese Betonung der Naturbasis hängt mit etwas anderem zusammen. Die allgemeine Erziehung ist nicht so intellektualistisch zugeschnitten wie in Europa. Es herrschen feste Sitten und Gebräuche, und Lernen heißt nicht in erster Linie sich aneignen, was man wissen muß, sondern was man tun, wie man sich benehmen muß. Und da zeigt sich nun in China eine ungeheuer weit verbreitete Bildung. Jeder Chinese wird über gewisse Regeln des Benehmens vollständig im klaren sein und sich darum auch in allen Lebenslagen zurechtfinden können. Aber auch der Sinn für das Schöne, für die Kunst lebt als selbständiges Interesse bis in die untersten Volksschichten. Indem die Sittlichkeit sich dem Volke als Sitte darstellt, deren Befolgung man sich angelegen sein läßt, damit man ein vollwertiges Mitglied der menschlichen Gesellschaft ist – niemand legt größeres Gewicht auf das „Gesicht", d. h. die persönliche Ehre, als der Chinese –, so ist damit den Verpflichtungen das Lästige, Drängende genommen. Sie sind Bestandteile des eignen Strebens und Wollens geworden.

Allerdings setzt diese als Sitte sich manifestierende Sittlichkeit Persönlichkeiten voraus, die durch ihren Einfluß und ihr Vorbild maßgebend sind. Nur solange starke, bewußt gute Führerpersönlichkeiten ihre Richtung aufs Gute den öffentlichen Sitten aufprägen, herrschen wirklich gute Sitten. Die höheren Menschen sind wie der Wind, das Volk ist wie das Gras. Wenn der Wind darüberfährt, muß das Gras sich beugen. Es würde dem gebildeten Chinesen – immer die eigentliche chinesische Kultur vorausgesetzt, nicht das gegenwärtig auch in China eindringende Chaos — absurd erscheinen, wenn er sich über mangelhafte Volksmoral und Verrohung der Sitten beklagen wollte, ebenso wie wenn die Eltern und Erzieher über Pietätlosigkeit der Jugend jammern wollten. Denn der Fehler liegt in diesem Fall stets auf seiten der Leitenden, die es entweder selber am rechten Ernst der sittlichen Überzeugung haben fehlen lassen, oder die es unterlassen haben, ihren sittlichen Charakter zu einer solchen Kraft auszubilden, daß er auf seine Umgebung wirken *muß* mit kosmischer Gesetzmäßigkeit. Wenn die Planeten sich heute Unregelmäßigkeiten gestatten würden in ihrem Verhalten zur Sonne, so wäre das nicht ein Zeichen der Bosheit dieser Planeten, sondern ein Zeichen davon, daß in der Sonne etwas nicht in Ordnung ist. Vom antiken astronomischen Standpunkt aus hat das Kungtse einmal so ausgedrückt: „Ein Führer muß so durch seinen Charakter wirken, daß er wie der Nordstern an seinem Platze steht, und alle Sterne kreisen um ihn."

Darum ist das Hauptaugenmerk der Erziehung zur Gemeinschaft darauf gerichtet, richtige Führerpersönlichkeiten heranzuziehen, die nicht nur triebhaft wie die Menge in Sitten leben, sondern die eine bewußte Willensschulung mit bewußten Zielen durchzumachen haben. Die Grundsätze hierfür sind niedergelegt in einem kleinen Buch, das den Titel „Die höhere Bildung" trägt, und das in der Umgebung des Kungtse entstanden ist. Die Grundsätze dieses kleinen Werkes sind kurz folgende.

Als Ziel wird aufgestellt:

„Der Weg der höheren Bildung besteht in der klaren Entfaltung der ursprünglichen klaren Anlagen, in der Liebe zur Menschheit und darin, daß man sich die höchste Tüchtigkeit dabei als Ziel setzt."

Sehr interessant ist es, wie hier Ausdrücke, die von Lautse her bekannt sind, wiederkehren, die beiden Begriffe Tau und Te, die dort mit „Sinn" und „Leben" wiedergegeben wurden. Wollten wir den eben wiedergegebenen Satz in taoistischem Stil übersetzen, so würde er lauten:

„Der SINN der höheren Bildung ist die Klärung des klaren LEBENS, die Liebe zur Menschheit und die Zielsetzung in höchster Tüchtigkeit."

Man sieht sofort den wesentlichen Unterschied der Begriffe bei Lautse und hier. Dort sind es moralisch indifferente, abstrakte Bezeichnungen für metaphysische Intuitionen, die sich den Worten fast entziehen. Hier steht alles im hellsten Licht des Gedankens. Der SINN des Lautse ist hier etwa so viel wie Methode. Das LEBEN des Lautse ist hier so viel wie persönliche Charakteranlage. Alles scharf und klar zu definieren.

In dieser Klarheit aber liegt Kraft. Gleich zu Beginn sind die beiden Pole des Lebens genannt: die Ausbildung des eigenen Charakters und die Liebe zur Menschheit, also Individuum und Gemeinschaft. Bei der Charakterbildung zeigt sich sofort die Konfuzianische Grundanschauung. Nicht um ein Austreiben der Natur, ein Unterdrücken des Gegebenen handelt es sich —, das ist nicht nötig, denn die innersten Anlagen des Menschen sind von Natur gut —, sondern nur um eine Entfaltung und Steigerung dieser Anlagen, ein Herausarbeiten des latent von Anfang an vorhandenen Gehalts. Auch hier also positive Arbeit. Und sofort tritt der Selbstbildung zur Seite die Beziehung zur Gemeinschaft: die Liebe zur Menschheit — aus der eine spätere Redaktion zur Sungzeit, die einen andern Standpunkt gewonnen hatte, nachträglich Reform des Volkes gemacht hat. — Das dritte, „höchste Tüchtigkeit als Ziel", gibt nicht ein neues Arbeitsgebiet an, sondern bezeichnet den höchsten Intensitätsgrad persönlicher Konkretisierung in den genannten Idealforderungen. Es heißt dann weiter:

„Wenn man sein Ziel kennt, so gibt das Festigkeit. Festigkeit allein führt zur Ruhe. Die Ruhe allein führt zum innern Frieden. Der innere Friede allein ermöglicht ernstes und besonnenes Nachdenken. Ernstes und besonnenes Nachdenken allein führt zum Gelingen.

Jedes Ding hat Stamm und Verzweigungen. Jede Handlung Ende und Anfang. Dadurch, daß man erkennt, was zuerst und was nachher zu kommen hat, nähert man sich dem Weg.

Da die Alten auf dem ganzen Erdkreis die ursprünglichen klaren Anlagen klar entfalten wollten, ordneten sie zuerst ihr Land; um ihr Land zu ordnen, regelten sie zuerst ihr Haus; um ihr Haus zu regeln, veredelten sie zuerst ihre eigne Persönlichkeit; um ihre Persönlichkeit zu veredeln, strebten sie nach der rechten Gemütsverfassung; um die rechte Gemütsverfassung zu erlangen, strebten sie nach Wahrheit der Gedanken; um die Gedanken wahr zu machen, strebten sie nach gegenständlicher Erkenntnis. Gegenständliche Erkenntnis beruht auf dem Beobachten der Wirklichkeit.

Nur durch Beobachtung der Wirklichkeit erreicht man gegenständliche Erkenntnis. Nur durch gegenständliche Erkenntnis werden die Gedanken wahr. Nur durch wahre Gedanken erlangt man die rechte Gemütsverfassung. Nur durch die rechte Gemütsverfassung erlangt man die Veredlung der Persönlichkeit. Nur durch Veredlung der Persönlichkeit erlangt man die Regelung des Hauses. Nur durch Regelung des Hauses erlangt man die Ordnung des Landes. Nur durch Ordnung der Länder erlangt man den Frieden auf Erden.

Vom Herrn der Welt bis herunter auf den Mann aus dem Volk gilt das gleiche: Für alle ist die Veredlung der eignen Persönlichkeit der Stamm. Daß einer, trotzdem der Stamm bei ihm in Unordnung ist, die Verzweigungen in Ordnung bringen könnte, das gibt es nicht. Wenn einer das, was ihm das Nächste ist, gleichgültig nimmt, so ist es ausgeschlossen, daß er das, was ihm ferner steht, wichtig nähme. Das ist die Grundlage der Erkenntnis. Die Erkenntnis dieser Grundlage ist es allein, was man vollkommene Erkenntnis nennen kann."

Hier ist zunächst ein sehr wichtiger Gesichtspunkt ausgesprochen für eine erfolgreiche Arbeit auf geistigem Gebiet. Während die Menge der Menschen einfach durch die Macht der Gewohnheit geleitet wird und durch die instinktiv anerkannten Forderungen der Sitte Ordnung für ihr Leben gewinnt, müssen die Führerpersönlichkeiten eine durchaus bewußte Stellung bekommen. Denn nur aus einer solchen tiefen Bewußtheit heraus wächst die Kraft der Überzeugung, die notwendig ist, um andere beeinflussen zu können. Eine solche Überzeugung erlangt man aber nur durch ein tiefes, gegenständliches Denken. Um nun ein solches Denken zu ermöglichen, muß erst der innere Friede erlangt sein. Dieser Friede erwächst aus der Stille, die frei ist vom Lärm einander bekämpfender und widerstreitender Gedanken. Sie hat ihrerseits zur Vorbedingung, daß man durch einen vollkommen festen Entschluß sich entschieden hat für den zu befolgenden Weg. Solange die Wahl nicht endgültig ist, solange ein inneres Schwanken zwischen verschiedenen Möglichkeiten noch herrscht, wird man noch in Unruhe hin- und hergerissen, und es wohnen zwei Seelen in der Brust des Menschen, die ihn nicht zur Stille kommen lassen. Um einen solch festen Entschluß fassen zu können, ist es notwendig, daß man weiß, was man eigentlich will, daß man sein Ziel kennt. Wenn grade in der gegenwärtigen Zeit jede Zielsetzung in weiten Kreisen namentlich der Jugend verpönt ist als vorzeitige Bindung an etwas Bestimmtes, von außen Herankommendes und darum der eignen freien Entscheidung Vorgreifendes, so ist dieser Standpunkt zwar verständlich in Zeiten des Übergangs, da viele widerstreitende Ideale sich dem Einzelnen anbieten. Sicher empfiehlt sich da eine gewisse Zurückhaltung, ja Mißtrauen gegen alles von außen Herangebrachte. Aber der Wahl bleibt der Mensch, die Führerpersönlichkeit, die sich bilden will, nicht enthoben. Nicht darum handelt es sich, daß man sich unfrei von außen her fremde Zwecke oktroyieren läßt, sondern daß man aus freiem Entschluß sich selbst ein Ziel setzt, und zwar ein so hohes, daß man daraus die Kraft des Entschlusses gewinnt, der allem bänglichen Schwanken feiger Gedanken ein Ende macht und dadurch eine Konzentration der geistigen Kräfte in einer bestimmten Richtung ermöglicht, wie sie notwendig ist zur Erreichung des Gelingens. Wenn man sich nun über das Ziel im allgemeinen klar ist, dann gilt es noch, die Reihenfolge der in Angriff zu nehmenden Arbeiten festzustellen. Denn ohne eine feste Ordnung ist auf dem Gebiet der Selbsterziehung nichts zu erreichen. Hier ist alles organisch bedingt. Wie jedes Ding Stamm und Verzweigungen hat und erst der Stamm feststehen muß, ehe die Verzweigungen sich ausgestalten können, so ist im Gebiet der Tat eine dauernde Verknüpfung von Ende und Anfang da. Nicht nur der Anfang bestimmt das Ende, sondern umgekehrt liegt in jedem Ende einer Handlung nach chinesischer Auffassung der Keim eines neuen Anfangs verborgen nach dem Gesetz von Ursache und Wirkung. Der Gedanke: „Ende gut, alles gut" gewinnt von hier aus eine ganz neue Bedeutung. Er ermöglicht nicht ein erleichtertes Aufatmen, nach dem man fertig ist, so daß man nun untätig ruhen könnte, sondern er eröffnet den Ausblick in neue Sphären der Tätigkeit; denn nur wenn die erste Stufe ihr rechtes Ende gefunden hat, gewinnt die nächste ihren normalen Anfang. Diese Ordnung, die die Natur allenthalben gesetzmäßig beherrscht, ist auch für den Menschen unbedingt notwendig, wenn er über dilettantische Versuche hinauskommen will.

So geht nun zunächst analytisch die Zielsetzung von dem weitesten Ideal immer mehr ins Spezielle, um von da aus synthetisch sich organisch wieder zu dem Gedanken der Zielsetzung zu entfalten. Man bemerkt hier einen charakteristischen Gegensatz zu Lautse. Für Lautse war der Zustand der menschlichen Gesellschaft eine hoffnungslose Verwirrung, so daß nur die vollständige Inaktivität, das schlechthinnige Machenlassen der ursprünglichen Naturkräfte Aussicht auf Heilung bot. Für Kungtse ist das allgemeine Chaos ebenso deutlich. Auch er weiß sehr wohl, daß mit Gewaltmaßregeln sich nichts erreichen läßt. Niemand hat so sehr wie er gegen alles Regieren durch Verordnungen, Gesetze und Strafen polemisiert, die immer nur einen äußeren Scheinerfolg ermöglichen. Aber er läßt deshalb doch nicht locker. Und so sucht er von der Überzeugung aus, daß die Menschheit ein großer Organismus ist, den Wegen nachzugehen, die zur Reform dieses Organismus führen. Er sucht gleichsam nach Handhaben, wo die Kräfte ansetzen können, um Wirkung in die Ferne hervorzubringen. Zu diesem Zweck analysiert er zunächst den Menschheitsorganismus, der für ihn nicht mechanisch aus den Atomen der Individuen zusammengesetzt ist, sondern der einen organischen Stufenbau von überindividuellen Einheiten zeigt. Die Menschheit setzt sich zusammen aus Nationen. Auf die Menschheit im ganzen zu wirken in abstraktem Kosmopolitismus wäre ein Verkennen der organischen Zusammenhänge. Kosmopolitismus setzt, recht verstanden, den Nationalismus voraus. Aber ebenso setzt sich die Nation wieder aus gesellschaftlichen Organismen zusammen. (Hier liegt der Hauptunterschied zwischen der Intuition des Kungtse und des japanischen Schintoismus, in dem der Staatsgedanke alle andern sozialen Organismen überwuchert und so zu einem einseitigen Kult des Staates als solchen führt). Als Beispiel dieser Organismen, deren Kungfutse mehrere kennt, wird hier nur die Familie genannt. Die Familie endlich ist die Zelle, die nicht auf den Atomen der Individuen, sondern auf den Zellkernen der Persönlichkeiten beruht. Jedes Familienmitglied hat seine fest definierte Stellung im Zusammenhang. Auch hier organische Ordnung, nicht mechanisches Nebeneinander.

Haben wir nun in der Persönlichkeit den Zellkern gefunden, wo die produktive Arbeit einzusetzen hat, so weiß Kungtse zu gut, daß auch hier ein Mikrokosmos, ein Organismus vorliegt. Auch hier hilft ein systemloses Zufahren nichts, sondern es ist eine weitere Analyse nötig. Die Person — chinesisch Schen = Körper, ein Ausdruck, der ganz dem griechischen πρόσωπον und dem lateinischen persona entspricht — wird geleitet durch das Gemüt, das Herz. Aber auch im Gemüt ist noch eine Mannigfaltigkeit. Wie im Blut die Blutkörperchen, so sind im Gemüt die Gedanken die letzten Einheiten. Diese Einheiten müssen im Wirklichen leben, wahre Gedanken muß man haben, um das Herz recht zu machen. Diese kraftvolle Wahrheit der Gedanken erreicht man aber nur durch gegenständliches Denken, um einen durch Goethe bekannten Ausdruck zu wählen. Gegenständliches Denken aber beruht auf der Beobachtung der Wirklichkeit. Nur indem man durch ruhige, vorurteilslose Beobachtung der Wirklichkeit sein Denken in Einklang mit den Objekten bringt, werden die Gedanken stark und wahr und vermögen das Gemüt so in Ordnung zu bringen, daß die Persönlichkeit sich wirklich veredelt, und das führt dann stufenweise weiter zum höchsten Ziel der Menschheit.

Hier ist der Ansatzpunkt für die Arbeit der höheren, selbstbewußten Bildung, wie sie der pflegen muß, der berufen ist, als Führerpersönlichkeit zu wirken. Es ist ein ganz konkretes Ideal, das hier gesteckt ist, und ein einheitlicher Zug geht von der Keimzelle der Persönlichkeit durch bis zur höchsten Einheit der Menschheit.

Gewiß wird vom christlichen Standpunkt aus erkannt werden, daß Mängel vorhanden sind. Es fehlt der Gedanke des Fortschritts, es fehlt auch der Gedanke der Sünde, d. h. des Nichtseinsollenden eines unvollkommenen Zustandes, durch den der Antrieb erwächst zum Streben nach vorwärts. Vielmehr ist die gegenwärtige menschliche Natur mit ihren Vorzügen und Fehlern als solche zur Grundlage genommen und ins möglichst günstige Gleichgewicht der Kräfte gebracht. Aber wenn auch in China dieser Gleichgewichtszustand je und je erreicht wurde, so liegt im allgemeinen Wandel alles Menschlichen doch zugleich die Notwendigkeit begründet, daß auf Zeiten der Blüte wieder solche des Niedergangs folgen. Und so bietet die chinesische Geschichte einen steten Wechsel von Blühen und Welken, von Frühling und Herbst, ohne daß im Konfuzianismus der Antrieb gefunden werden könnte zu einer Überwindung des Allzumenschlichen.

Das ist kein Tadel für Kungtse; denn er lebte in einer Zeit, da die hier angedeutete Menschheitsstufe noch nicht in Erscheinung getreten war. Das geschah erst durch die Tat Jesu von Nazareth, der zuerst in sich den göttlichen Gedanken des Christus-Menschen verwirklichte. Wenn in dieser Erkenntnis zugleich die andere beschlossen ist, daß wir nichts Verkehrteres tun könnten, als den Konfuzianismus nach Europa zu übertragen, so werden wir doch andrerseits in der ungeheuren Leistung des Konfuzius, dem es gelungen ist, eine Formel zu finden, durch die ein wesentlicher Teil der Menschheit Jahrtausende lang in Ordnung gehalten wurde, stets einen starken Antrieb finden in den Bemühungen um Konkretisierung unserer Menschheitsideale.

DAS BUCH DER WANDLUNGEN

Der Einheitspunkt der Lebensweisheit des Lautse und des Kungtse liegt in dem Buch der Wandlungen. Das Buch der Wandlungen (J King) ist ein uraltes chinesisches Orakelbuch. Es unterscheidet sich von andern Orakelbüchern dadurch, daß es nicht allein dem Zweck der Erkundung der tatsächlichen Zukunft diente, sondern immer zugleich Anweisungen für das menschliche Handeln unter gewissen Umständen gab, um auf diese Weise dem Fragenden die Möglichkeit zu geben, nicht wehrlos einem blinden Fatum überliefert zu sein, sondern selbst an der Gestaltung der Zukunft durch Tun oder Lassen, durch Streben oder Meiden mitzuwirken. So ergab es sich von selbst, daß in die geheimnisvollen Zeichen, durch die die verschiedenen Lagen des Menschenlebens symbolisiert waren, zugleich Ratschläge für richtiges Handeln verwoben wurden. Dies hatte wieder zur Voraussetzung eine ganz bestimmte, sozusagen philosophische Theorie von den Gesetzen des Geschehens. Und so ist es kein Wunder, daß das Buch der Wandlungen gleichzeitig das älteste philosophische Werk Chinas ist. Ein langer Weg führt bis zu seiner heutigen Gestalt. Eine ununterbrochene Traditionsreihe bezeichnet diesen Weg. Und durch diese Tradition ist in das Buch der Wandlungen die gesammelte Erfahrung der Jahrtausende und die reifste Lebensweisheit der bedeutendsten Männer Chinas hineingeheimnist. Es geht in seinen Anfängen auf vorhistorische Zeiten zurück. In den Worten, die die einzelnen Orakelzeichen begleiten, sehen wir das ganze Jahrtausend vor unsrer Zeitrechnung am Werk. Dem König Wen (ums Jahr 1000 v. Chr.) werden die Worte zu den 64 Diagrammen, seinem Sohn, dem Herzog von Dschou, die Worte zu den Teillinien zugeschrieben. Auf Kungtse, der sich ebenso wie Lautse aufs intensivste mit dem Buch beschäftigt hat, gehen die wichtigsten Kommentare zurück. Immer wieder aber kehrten die größten Philosophen Chinas zu diesem Buch zurück, um Weisheit daraus zu schöpfen und andrerseits den Schatz ihrer eigenen Erkenntnis in den Abhandlungen über dieses Buch niederzulegen.

Ostasien schöpft bis auf den heutigen Tag seine Lebensweisheit aus dieser Quelle – die als einzige klassische Schrift selbst die Bücherverbrennung des Literaturfeindes Tsinschïhuangti unangetastet überstanden hat –, und die japanische Politik, deren vorsichtige und weitschauende Klugheit so bedeutende Erfolge erzielt hat, hat es nicht verschmäht, je und je in kritischen Momenten bei diesem Buche Rat zu holen, wie die Römer bei den Sibyllinischen Schriften.

Fragen wir nun zunächst nach den philosophischen Grundlagen dieses Buches und wenden wir uns dann zu der Art, wie das Orakel befragt und ausgewertet wurde. Eine Besinnung über den positiven Wert der dieser Weisheit zugrunde liegenden Prinzipien von unserm Standpunkt aus wird das Ganze der chinesischen Lebensweisheit unter dem Gesichtspunkt betrachten, wieviel davon für uns moderne Europäer als praktisch verwertbar in Betracht kommt.

Das Buch der Wandlungen geht davon aus, daß die Welt sinnvoll ist und allem Geschehen ein bestimmter

Sinn zugrunde liegt. Diese Annahme stellt uns vor eine doppelte Aufgabe: Wenn diese Annahme nicht einfach dogmatisch ausgesprochen werden soll, so muß gezeigt werden, wie dieser Sinn sich in der Wirklichkeit gestaltet, wie es möglich ist, daß dieser Sinn, der etwas Geistiges ist, sich in die körperliche Wirklichkeit so herein versenkt, daß er in ihr eine Gestaltung bewirkt, in der er erkennbar durchscheint durch das, was als Erscheinung ihm sozusagen vorgelagert ist. Die zweite Aufgabe ist die, zu zeigen, wie es möglich ist, daß der Mensch diesen Sinn des Geschehens erfaßt und danach sein Leben einrichtet. Der Mensch ist in den Zusammenhang des Geschehens hineingestellt, ob er will oder nicht. Er muß jeden Augenblick in diesen Zusammenhang handelnd eingreifen. Wenn nun allem Geschehen eine bestimmte Tendenz, ein tieferer Sinn innewohnt, so kann das Handeln des Menschen nur dann von Erfolg begleitet sein, wenn es diesem Sinn des Geschehens entspricht. Läuft es ihm zuwider, so muß es zur Erfolglosigkeit verdammt sein, da der Mensch als Erscheinung nur einen unbedeutenden Teil der Masse des Weltgeschehens darstellt.

Die erste Frage ist also: Wie wird Geist zur Wirklichkeit? Wie wird der Sinn, der an sich überzeitlich ist, zu etwas, das der Entwicklung, der Wandlung unterworfen ist? Denn das gehört zu den Grundvoraussetzungen des Buchs der Wandlungen, daß die Wirklichkeit einen dauernden Wechsel zeigt; sie steht keinen Moment still, sondern besteht aus lauter minimalen, unmerklichen Übergängen. Diese wandelnden Erscheinungen bestehen nun nach chinesischer Auffassung nicht aus etwas Materiellem, an dem von außen her durch irgendeine Kraft Veränderungen bewirkt würden, sondern sie sind selber das Spiel von Kräften, das — wie die spätere Philosophie es ausdrückt — zu den verschiedenartigen Erscheinungen wird durch das Zusammentreffen mit den menschlichen Sinnesorganen, die ja auch wieder Kraftzentren sind. Dieses dauernd wechselnde Kräftespiel wäre nun ein schlechthin unfaßbares Chaos, wenn ihm nicht etwas Beharrendes, ein Sein zugrunde liegen würde. Bezeichnend für die chinesische Auffassung ist es nun, daß dieses Sein nicht etwas hinter den Erscheinungen, nicht ein irgendwie geartetes Substantielles ist. Sondern das Sein ist in den Bewegungen selber, es ist das feste Gesetz, nach dem sich die Bewegungen vollziehen, ihr Sinn, ihr Tao.

Hier liegt ein wesentlicher Unterschied zwischen der chinesischen, dynamischen und der europäischen, mechanischen Auffassung der Natur. Die europäische Naturwissenschaft kennt ursprünglich nur bewegte Massen, die nach dem mechanischen Gesetz der Kausalität sich umlagern. In der kausalen Auffassung ist die letzte Einheit das irgendwie körperlich zu denkende Atom. Bei allem Geschehen handelt es sich hier nur letzten Endes um eine Umlagerung der an sich unveränderlichen Atome durch mechanische Kräfte. In der Wirkung ist genau genommen nichts enthalten, was nicht in der Ursache latent schon enthalten wäre. Dieser mechanischen Deutung des Weltgeschehens gegenüber hat die chinesische Wissenschaft vorzugsweise eine organisch-dynamische Auffassung des Weltgeschehens gepflegt. Das letzte Symbol ist der Keim, die Zelle, die sich organisch von innen her verändert und entwickelt. Diese beiden Auffassungen stehen sich als ursprünglich entgegengesetzte Auffassungen desselben in der Natur gegebenen Zusammenhangs gegenüber. Für die chinesische Auffassung ist es nun sehr wichtig, verständlich zu machen, wie der Sinn sozusagen in Bewegung kommt, wie es möglich wird, daß das in sich ruhende, dauernde Gesetz die unmerklichen Übergänge hervorbringt, auf denen das Geschehen beruht. Denn der Sinn ist eben nichts außerhalb der Natur Befindliches, das zu ihrer Summe etwas hinzufügte, sondern er ist in der Bewegung selbst zu erfassen. Die Wandlungen des einen Sinnes werden nur dadurch als möglich erwiesen, daß die Einheit nicht eine starre, arithmetische Zahl, sondern daß in dieser Einheit an sich schon eine Mannigfaltigkeit gesetzt ist. Die wesentliche Einheit ist der Sinn. In diesem Sinn ist nun eine polare Zweiheit enthalten, und zwar so, daß diese Zweiheit aus einem Ursprünglichen und einem Abgeleiteten besteht.

Diese polare Zweiheit wird nicht irgendwie diskursiv logisch erschlossen, sondern intuitiv in innerer Konzentration geschaut. Darum handelt es sich in dieser Zweiheit nun nicht um zwei getrennte Kräfte oder Gegensätze. Es wäre ganz verkehrt, die chinesische Philosophie als dualistisch in diesem Sinn zu bezeichnen. Sondern diese polare Zweiheit bezieht sich auf Kräfte, die in und miteinander gegeben sind. Durch Übergang der Möglichkeit in die Wirklichkeit, durch einfache Setzung, ist diese Zweiheit gleichzeitig gegeben. Das

naturgegebene Bild, von dem dieses polare Gegensatz=
paar seine Bezeichnung erhalten hat, ist Licht und Schat=
ten. Indem die Südseite eines Berges vom Sonnenlicht
getroffen und hell wird, wird die Nordseite mit Not=
wendigkeit in den Schatten gerückt und dunkel sein.
Eine analoge Erfahrung ergibt sich, wenn man an den
Ufern eines Flusses steht: Blickt man von Norden aus
auf den mittäglich erleuchteten Fluß, so erscheint er
licht; blickt man von Süden aus darauf, so erscheint er
dunkel. Das Helle, Lichte heißt auf Chihesisch Yang,
das Dunkle, Schattige heißt Yin. Yin und Yang sind
also die polaren Gegensätze, die in der Einheit gegeben
sind, sobald aus der bloßen Möglichkeit (Chinesisch:
Wu Gi) die Wirklichkeit (Chinesisch: Tai Gi) wird.
Aber nicht nur gleichzeitig sind diese Pole gegeben,
sondern in jedem ist keimhaft der andere mit enthalten,
wie sich schon aus der primären Anschauung ergibt,
daß dieselbe Seite, die südliche, die mit Beziehung auf
das angeschaute Gebirge als licht, Yang, bezeichnet
werden muß, mit Beziehung auf einen etwa vor dem
Gebirge vorüberfließenden Fluß dunkel, Yin, ist. In
späterer Zeit hat man dieses Verhältnis graphisch dar=
gestellt in dem sogenannten Tai Gi Tu:

Hier ist das Lichte durch die helle Seite dargestellt,
die in der Regel rot gefärbt erscheint, und das Schattige

durch die dunkle Seite, die schwarz gefärbt ist. In jeder der beiden Seiten ist aber als keimhafter Punkt der Gegenpol (im Lichten das Dunkle, im Dunkeln das Lichte) enthalten. Dieses Symbol, das in dem sogenannten Fischblasenmuster auch Eingang in die Gotik gefunden hat, ist jedoch in dieser Form nicht in der ältesten Zeit nachzuweisen.

Tai Gi heißt vielmehr ursprünglich der große Firstbalken des Hauses und wurde dargestellt einfach durch einen Querstrich.

▬▬▬

Dieser ungeteilte Querstrich ist zugleich das Symbol des Yang-Poles. Dieser Pol bezeichnet eine Kraft, die in der Zeit wirkt als etwas Dauerndes, als reine Aktualität. Er ist ferner das Lichte, das Starke, das Feste, das Positive, das Männliche, der Gehalt. Als kosmisches Prinzip ist er das Schöpferische.

Aber durch die Verwirklichung dieses ungeteilten Poles wird nun gleichzeitig eine Teilung gesetzt. Einerlei wie man diesen Strich in den räumlichen Dimensionen legt, stets ist mit der Grenze ein Begrenztes gegeben, mit der Einheit eine Zweiheit, sei es die Zweiheit vorn-hinten oder oben-unten oder rechts-links. Diese Zweiheit ist das Abgeleitete, das aber doch zugleich mit der Einheit gesetzt ist. Dieser Pol wird symbolisch dargestellt durch eine gebrochene Linie, das Symbol des Yin-Poles.

▬▬ ▬▬

Dieser Pol bedeutet das räumlich Ausgedehnte. Er ist ferner das Schattige, das Schwache, das Weiche, das

Negative, das Weibliche, die Form. Als kosmisches Prinzip ist er das Empfangende.

Diese beiden Prinzipien sind also keine dualistisch gefaßten Gegensätze, sondern Gegenstücke; sie sind beide in der Einheit des Sinns gegeben. Lautse sagt einmal:

„Die Eins erzeugt die Zwei,
Die Zwei erzeugt die Drei,
Die Drei erzeugt alle Dinge."

Die Eins, die hier genannt wird, ist eben der Sinn, das Tao, und zwar nicht in seiner überweltlichen Transzendenz als ewiges Tao, das jenseits des Nennbaren ist, sondern als diesseitiges, in die Erscheinung tretendes. Durch diese Verwirklichung, das Tai Gi, entsteht, wie wir gesehen haben, die Zweiheit von Yin und Yang, die beiden Yi, Urpole, wie sie auf chinesisch heißen. Wie aus dieser Zwei die Drei entsteht und aus der Drei alle Dinge, wird sofort gezeigt werden. Zunächst aber ist es nötig, diesen beiden Prinzipien nachzugehen in der ihnen anhaftenden Bewegung; denn mit ihrer Verwirklichung ist ja auch ihr Eintritt in die Bewegung und damit ihre Wandlung gegeben.

Die Bewegung des lichten Prinzips ist die Bewegung in einer Dimension, in der Zeit, nach vorwärts. Seine Ruhestellung ist das einfache Stillehalten. Das schattige Prinzip, das dem Raum entspricht, hat eine andere Bewegung. Seine Bewegung ist das Sichöffnen, das Auseinandergehen der beiden Hälften in Aufnahmebereitschaft. Sein Ruhezustand ist der des sich Zusammenziehens, Verschließens. Es ist wie das Sichöffnen und Schließen zweier Türflügel, wie das bei Lautse auch einmal angedeutet ist. Die Bewegung des Yang-prinzips hat die Richtung von innen nach außen, die Ruhe des Yin-prinzips die Richtung von außen nach innen. Die beiden Prinzipien steigern sich nun in ihrem Wesen: das Yang ist am gesteigertsten in seiner Art, wenn es sich ausdehnt, das Yin ist am gesteigertsten in seiner Art, wenn es sich zusammenzieht. Hier zeigt es sich nun, daß die beiden Prinzipien, wenn sie sich aufs äußerste steigern, in das entsprechende Gegenteil umschlagen, und zwar auf verschiedene Weise. Wird das Yang gesteigert, so geht seine Bewegung nach außen. Bildlich ließe sich das so anschauen, daß die Elemente den beiden Enden zuströmen. Dadurch entsteht eine Vermehrung der beiden Enden und eine Verdünnung des mittleren Inneren, die dann schließlich zum Auseinanderbrechen des ungeteilten Strichs und seiner Aufspaltung in eine geteilte Yinlinie führt.

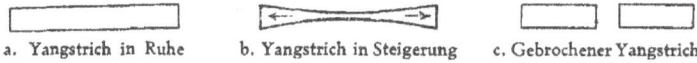

a. Yangstrich in Ruhe   b. Yangstrich in Steigerung   c. Gebrochener Yangstrich

Die Umwandlung ist in diesem Falle eine plötzliche, durch Teilung oder Bruch. Das Umgekehrte findet statt bei der Steigerung des Yin. Hier geht die Richtung von außen nach innen. Es ist eine Verfestigung, Konzentration in sich selbst, die hier vor sich geht. Dadurch aber wächst das vorher Geteilte zu einem einheitlichen Yangstrich zusammen:

a. Yinlinie in Ruhe   b. Yinlinie in Steigerung   c. Vereinte Yinlinie

Die Umwandlung ist in diesem Falle eine allmähliche, durch unmerkliche Annäherung und Vereinigung.

Die beiden polaren Kräfte in ihren verschiedenen Stadien lassen sich nun darstellen, indem man die ungeteilten und geteilten Linien verdoppelt. Dadurch ergeben sich vier Aspekte.

1. Das Yang in seiner Steigerung, angedeutet durch die Verdopplung der reinen, ungeteilten Linie; das ist das große Yang, dessen Symbol die Sonne, dessen Zeit der Sommer ist.

2. Das Yin in seiner Steigerung, angedeutet durch die Verdopplung der geteilten, abgeleiteten Linie; das ist das große Yin, dessen Symbol der Mond, dessen Zeit der Winter ist.

3. Das Yang in seiner Verbindung mit dem Yin; das ist das junge Yang, dessen Zeit der Frühling, der Übergang vom Winter zum Sommer ist.

4. Das Yin in seiner Verbindung mit dem Yang; das ist das junge Yin, dessen Zeit der Herbst, der Übergang aus dem Sommer in den Winter ist.

In der oben zitierten Stelle aus Lautse heißt es: „Die Zwei erzeugt die Drei." Das bedeutet eine weitere Kombination dieser Linien, durch die man zu den sogenannten acht Gua oder Diagrammen kommt. Diese acht Gua werden von König Wen angeordnet nach dem Schema eines Familienzusammenhangs, stammbaumartig. Sie haben alle ein äußeres Symbol oder Bild und ein inneres Wesen oder Form der Kraftäußerung. Diese acht Gua sind die Urbewegungszustände in allen Erscheinungen, die Grundlagen des Buchs der Wandlungen. Sie lassen sich kurz folgendermaßen charakterisieren:

1. ☰ Kiän. Das Schöpferische. Es besteht aus drei gleichartigen Yangstrichen, bedeutet daher die reine Aktualität. Es ist der Vater. Sein Bild ist der Himmel. Seine Eigenschaft die Kraft.

2. ☷ Kun. Das Empfangende. Es besteht aus drei gleichartigen Yinstrichen, bedeutet daher die reine Rezeptivität (NB. nicht Passivität!). Es ist die Mutter. Sein Bild ist die Erde. Seine Eigenschaft die Fügsamkeit.

Aus der Verbindung dieser beiden Prinzipien entstehen nun drei „Söhne" und drei „Töchter". Und zwar entstehen die Töchter dadurch, daß das Schöpferische dem Empfangenden sich naht und von ihm einen bestimmenden Strich, als Determinante, aufnimmt, während umgekehrt die Söhne aus einem Entgegenkommen des Empfangenden an das Schöpferische und Aufnahme des determinierenden Striches entstehen. Diese sechs abgeleiteten Symbole sind folgende:

3. ☳ Dschen. Das Erregende. Es ist der älteste Sohn, enthält als Determinante den ersten Strich des Schöpferischen, der durch die beiden geteilten Linien nach oben eruptiv sich durcharbeitend gedacht wird. Das Zeichen bedeutet daher

das Erregende, sozusagen die elektrische Kraft. Sein Bild ist der Donner. Seine Eigenschaft die energische Bewegung.

4. 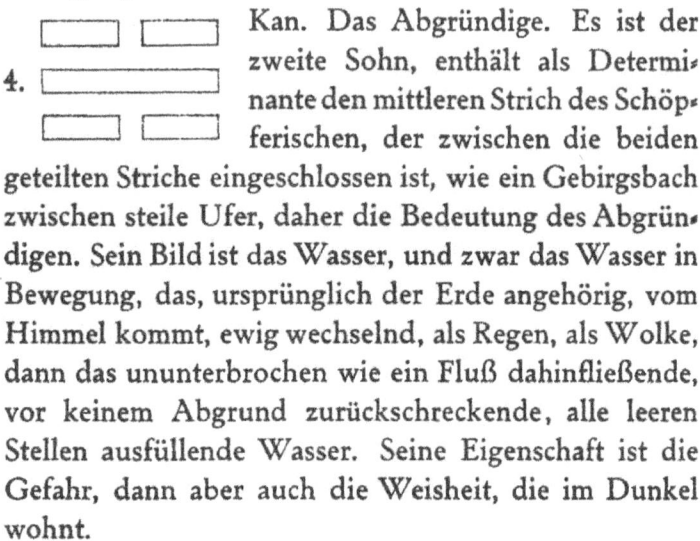 Kan. Das Abgründige. Es ist der zweite Sohn, enthält als Determinante den mittleren Strich des Schöpferischen, der zwischen die beiden geteilten Striche eingeschlossen ist, wie ein Gebirgsbach zwischen steile Ufer, daher die Bedeutung des Abgründigen. Sein Bild ist das Wasser, und zwar das Wasser in Bewegung, das, ursprünglich der Erde angehörig, vom Himmel kommt, ewig wechselnd, als Regen, als Wolke, dann das ununterbrochen wie ein Fluß dahinfließende, vor keinem Abgrund zurückschreckende, alle leeren Stellen ausfüllende Wasser. Seine Eigenschaft ist die Gefahr, dann aber auch die Weisheit, die im Dunkel wohnt.

5. 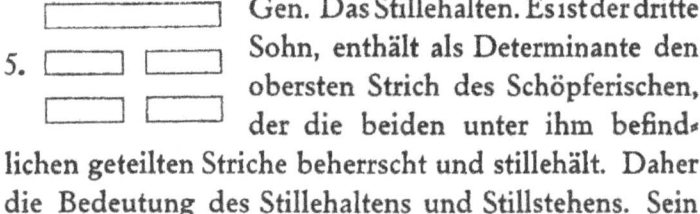 Gen. Das Stillehalten. Es ist der dritte Sohn, enthält als Determinante den obersten Strich des Schöpferischen, der die beiden unter ihm befindlichen geteilten Striche beherrscht und stillhält. Daher die Bedeutung des Stillehaltens und Stillstehens. Sein Bild ist der Berg. Seine Eigenschaft die Ruhe, und zwar die aktive, kraftvolle Ruhe.

In diesen drei Symbolen zeigt sich das Schöpferische in der Erscheinung, wie es durch die Erregung, Abgründigkeit bzw. Kampf und Gefahr sich zur sicheren Ruhe durchringt.

Die Töchter sind:

6. 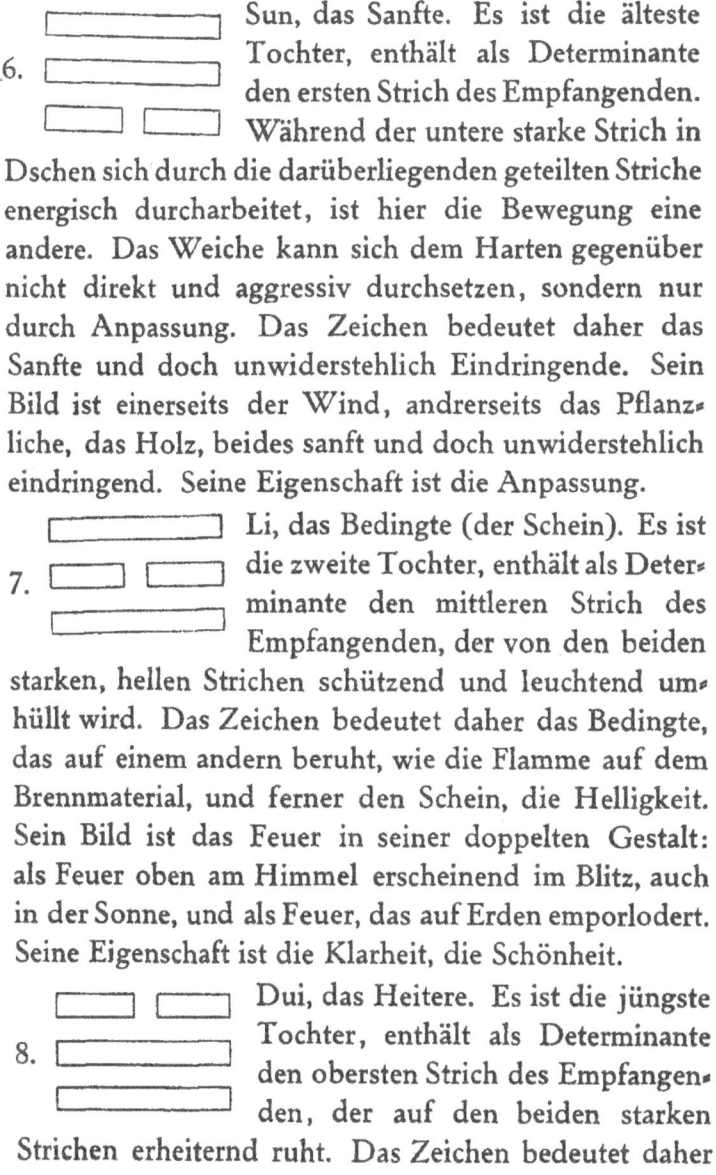 Sun, das Sanfte. Es ist die älteste Tochter, enthält als Determinante den ersten Strich des Empfangenden. Während der untere starke Strich in Dschen sich durch die darüberliegenden geteilten Striche energisch durcharbeitet, ist hier die Bewegung eine andere. Das Weiche kann sich dem Harten gegenüber nicht direkt und aggressiv durchsetzen, sondern nur durch Anpassung. Das Zeichen bedeutet daher das Sanfte und doch unwiderstehlich Eindringende. Sein Bild ist einerseits der Wind, andrerseits das Pflanz‹ liche, das Holz, beides sanft und doch unwiderstehlich eindringend. Seine Eigenschaft ist die Anpassung.

7. Li, das Bedingte (der Schein). Es ist die zweite Tochter, enthält als Deter‹ minante den mittleren Strich des Empfangenden, der von den beiden starken, hellen Strichen schützend und leuchtend um‹ hüllt wird. Das Zeichen bedeutet daher das Bedingte, das auf einem andern beruht, wie die Flamme auf dem Brennmaterial, und ferner den Schein, die Helligkeit. Sein Bild ist das Feuer in seiner doppelten Gestalt: als Feuer oben am Himmel erscheinend im Blitz, auch in der Sonne, und als Feuer, das auf Erden emporlodert. Seine Eigenschaft ist die Klarheit, die Schönheit.

8. Dui, das Heitere. Es ist die jüngste Tochter, enthält als Determinante den obersten Strich des Empfangen‹ den, der auf den beiden starken Strichen erheiternd ruht. Das Zeichen bedeutet daher

das Heitere, Muntere, das nach außen hervortritt. Sein Bild ist das Wasser, als ruhend in einem See gedacht. „Es lächelt der See" ist die beste Bezeichnung dessen, was dieses Bild vorstellt. Seine Eigenschaft ist die alles erleichternde und befreiende Heiterkeit. Während im Zeichen Kan die aktive Kraft des in Bewegung befindlichen Wassers zum Ausdruck kommt, ist hier das Wasser im Ruhezustand, das nach oben steigt, im Verdunsten dargestellt.

In den drei „Töchtern" haben wir die drei Stadien des Empfangenden in seiner Erscheinung, wie es durch sanftes Eindringen, Klarheit zur ruhigen Heiterkeit sich entwickelt. Eine Gegenüberstellung dieser Stufen mit denen der entsprechenden „Söhne" zeigt charakteristische, zum Nachdenken anregende Unterschiede.

Diese acht Zeichen sind in einer auf König Wen zurückgeführten, von Kungtse kommentierten Zusammenstellung so angeordnet, daß sie den kosmogonischen Prozeß darstellen. Dabei muß immer festgehalten werden, daß die Symbole so frei und beweglich sind, daß sie auf die Entstehung des Makrokosmos in zyklischem Geschehen ebenso anwendbar sind, wie auf die Entwickelung der Natur im Laufe des Jahres oder die Entstehung des Werkes in der Psyche des menschlichen Mikrokosmos.

Zur Orientierung sei zunächst eine Übersicht über die Anordnung der 8 Zeichen nach den Himmelsrichtungen, die zugleich den Jahreszeiten entsprechen, vorangestellt. Dabei ist zu beachten, daß in China der Süden stets oben, der Norden unten hingestellt wird:

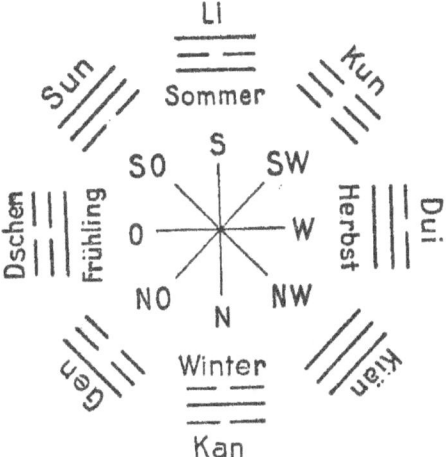

Der entsprechende Text im Abschnitt „Besprechung der Diagramme" lautet:

„Gott tritt hervor im Zeichen des Erregenden. Er macht völlig im Zeichen des Sanften. Er läßt einander erblicken im Zeichen des Scheins. Er läßt einander dienen im Zeichen des Empfangenden. Er erfreut im Zeichen des Heiteren. Er bekämpft im Zeichen des Schöpferischen. Er schafft Mühe im Zeichen des Abgründigen. Er vollendet im Zeichen des Stillehaltens."

Der wahrscheinlich von Kungtse stammende Kommentar zu diesem alten Spruch lautet:

„Alle Wesen treten hervor im Zeichen des Erregenden. Das Zeichen des Erregenden steht im Osten. Sie werden völlig im Zeichen des Sanften. Das Zeichen des Sanften steht im Südosten. Die Völligkeit bedeutet, daß alle Wesen rein und völlig erscheinen. Das Zeichen des Scheins bedeutet Helligkeit. Darum können alle Wesen einander sehen. Das ist das Zeichen des Südens. Daß die heiligen Herrscher mit dem Angesicht nach Süden gewandt saßen, wenn sie die Welt ordneten, bedeutet, daß sie sich der Helle zuwandten, um zu walten. Das haben sie wohl daher genommen. Das Zeichen des Empfangenden bedeutet die Erde. Sie sorgt dafür, daß alle Wesen ernährt werden. Darum heißt es: er läßt einander dienen im Zeichen des Empfangenden. Das Zeichen des Heiteren bedeutet den Mittherbst, über den alle Wesen sich freuen. Darum heißt es: „Er erfreut im Zeichen des Heitern." „Er bekämpft im Zeichen des Schöpferischen"; denn das Zeichen des Schöpferischen steht im Nordwesten, wo das Schattige und das Lichte einander Eintrag tun. Das Zeichen des Abgründigen bedeutet das Wasser, es ist das Zeichen genau im Norden, das Zeichen der Anstrengung, dem alle Wesen zufallen. Darum heißt es: „Er schafft Mühe im Zeichen des Abgründigen." Das Stillehalten ist das Zeichen des Nordostens, wo aller Wesen Ende vollendet wird und Anfang vollendet wird. Darum heißt es: „Er vollendet im Zeichen des Stillehaltens."

Hier ist der Kreislauf des Werdens und Vergehens unter dem Bild eines Jahreslaufes dargestellt: der Frühling regt sich, und es kommt das Keimen und Sprossen in die Natur, dann kommt die linde Luft, die die Pflanzenwelt erneuert und die Erde mit Grün kleidet (das Zeichen Sun, das Sanfte, hat als Bild sowohl den Wind, der das Eis des Winters auflöst, als auch das Holz). Es ist die Zeit, da die Formen sozusagen erfüllt werden, da alles sich auswächst. Darauf kommt die Höhe des

Jahres. Das Vegetabilische steigert sich zum Seelischen, Bewußten. Die Geschöpfe erblicken einander. Aus der Einsamkeit geht es hier in die Gemeinsamkeit. Das ist zugleich ein Abbild vom Walten des Geistes in der menschlichen Gemeinschaft. Darauf kommt die Zeit des Reifens, das die Erde gewährt. Auf das Einandererblicken folgt das Einanderdienen, das ist die Wirkung der mütterlichen Erde, die für die Ernährung aller Wesen sorgt. Und es folgt der Mittherbst, die Zeit der letzten Ernte, eine Zeit der Freude bis auf diesen Tag. Dann neigt das Jahr seinem Ende zu. Es kommt die strenge Zeit, da sich zeigen muß, was geleistet ist. Gericht liegt in der Luft. Von der Erde kehren die Gedanken zum Himmel, der kühl und ernst dem Irdischen sein Ziel setzt. Gedanken an Tod und Vergänglichkeit werden durch den Spätherbst geweckt. Es ist bezeichnend, daß gerade diese Aspekte unter dem Zeichen des Schöpferischen stehen. Es spricht daraus der Gedanke, daß das Schöpferische jede erstarrte Gestaltung immer wieder abstößt. Alles Gewordene, das im Sein beharren will, wird von dem Schöpferischen immer wieder gerichtet und abgestoßen. Darauf kommt der Winter, dessen Symbol das Abgründige, der Fluß in der Talschlucht ist. Er bezeichnet die Mühe des Sammelns in die Scheunen. Wie das Wasser keine Mühe scheut und sich immer der tiefsten Stelle zuwendet, weshalb ihm alles zufließt, so ist der Winter die Zeit der Sammlung. Auch auf geistigem Gebiet ist ein Sammeln und Ordnen der Erträgnisse durch das Bild des Wassers nahegelegt. Das Wasser ist das Symbol der Weisheit, die aus den geordneten und gesichteten

Erträgnissen des Erlebens sich gestaltet. Geheimnisvoll bedeutend ist endlich das Zeichen des Stillehaltens, des Berges, des Nordostens. Hier knüpft sich in tief verborgener Stille im Samenkorn das Ende aller Dinge an ihren Anfang. Tod und Geburt, Sterben und Auferstehen sind die Gedanken, die der Übergang des Alten ins Neue zeitigt. Hier beginnt in wunderbarer Tiefe das neue Jahr, welches das alte ablöst.

So ist der Kreis geschlossen. Wie in der Natur das Jahr, so ist jedes Leben, ja jeder Erlebniszyklus ein Zusammenhang, der auf diese Weise Neues an Altes knüpft. Auf diese Weise läßt sich das ganze organische Geschehen intuitiv verstehen. Während die mechanische Abfolge von Ursache und Wirkung sich nur in einer Dimension abspielt, wobei zudem in der Wirklichkeit anläßlich der Umlagerung der Kräfte eine Entropie der Kraft sich konstatieren läßt, ist das organische Geschehen kreisförmig in sich geschlossen, so daß hier gewissermaßen das Problem des Perpetuum mobile gelöst ist. Die Pflanze entfaltet sich aus dem Keim. Sie wächst und blüht, und während des Wachstums bereitet sich in der Blüte schon wieder die Frucht vor, die den Samen für neues Wachstum in sich birgt. Diese Seite der Entwicklung ist das Hervortreten der Kraft, das Ausatmen, die Diastole in der großen Dualbewegung, die das chinesische Denken in allem Organischen voraussetzt. Im Frühling und Sommer schon bereitet sich die Frucht vor. Die aufsteigenden Kräfte finden gerade darin ihre Verwendung, in diese sich bildende Frucht die Keimkraft des Samens hineinzuentwickeln. Durch dieses Ausreifen nun erschöpfen sich die wirkenden Kräfte, aber in dem Moment, da diese Kräfte erschöpft sind, haben sie im Samen die ganzen Spannkräfte niedergelegt. Die Pflanze kann sterben und vergehen. Das Samenkorn enthält die ganze Pflanze schon wieder in sich. Und nun tritt die andere Seite der großen Weltpolarität hervor: auf das Hervortreten der Kraft folgt ihr Zurücktreten, auf das Ausatmen das Einatmen, auf die Diastole die Systole, auf das Leben der Tod. Das Samenkorn fällt in die Erde, und während vorher die Kräfte des Lebens sich von innen her an ihm betätigt haben, treten nun die Kräfte des Todes und der Verwesung von außen her an es heran. Aber gerade diese Wirksamkeit der Verwesungskräfte ist es, durch welche die latente Lebenskraft des Samenkorns in Freiheit und Aktion gesetzt wird. Und die neue Pflanze entwickelt sich. So knüpfen sich Ende und Anfang geheimnisvoll aneinander.

Das Charakteristische, das diesen Kreislauf ermöglicht, ist auch hier das Übergreifen der polaren Kräfte. Die Kraft des Yinprinzips, der Form, der Konzentration tritt nicht erst dann in Wirkung, wenn die Kraft des Yangprinzips, des Gehaltes, der Expansion sich ausgelebt hat, sondern setzt mit ihrer geheimen Wirkung schon ein, wenn die andere Kraft auf ihrem Höhepunkt angelangt ist. Die Bildung des Samenkorns ist schon eine geheime Wirkung dieser Kraft, die nur in den Formen der Wachstumskraft in die Erscheinung tritt. Darum erschöpft sich die Wachstumskraft auch an dieser Bildung, und die Pflanze welkt. Nun tritt die negative Yinkraft in der Verwesung in ihre offenbare Wirkung, aber auf ihrem Höhepunkt löst sie die positive Yangkraft wieder aus, und aus der Verwesung kommt neues Leben. Auch hier setzt die Lebenskraft nicht erst dann ein, wenn die Verwesung ihr Werk vollendet hat, sondern während der Verwesungsvorgänge, und durch sie wird die Lebenskraft des neuen Keims entbunden.

Dieser Prozeß, welcher der Übersichtlichkeit halber am Werden und Vergehen in der Pflanzenwelt dargestellt wurde, ist in Wirklichkeit der Lebensprozeß überhaupt, der sich in irgendeiner Form überall nachweisen läßt, wo Leben in die Erscheinung und damit in den Wandel eintritt.

Das ergibt eine Erkenntnis, die in der ganzen Natur und im Menschenleben von großer Wichtigkeit ist: Es hat alles zwei Seiten, was ist, und auf dieser Polarität eben beruht das Leben. Das erkennt der Weise und nimmt dementsprechend die Notwendigkeit dieser beiden Seiten als etwas Gegebenes in sich herein und bejaht beide Seiten. So wahrt er sich davor, daß sie ihm von außen aufgezwungen werden. Er weiß, daß er nicht das eine haben kann, ohne daß er den Preis des andern dafür bezahlt. Er weiß, daß es kein Glück gibt, das nicht erkauft ist durch ein Leid auf der andern Seite, und daß es keine Offenbarung der Wahrheit gibt, ohne daß sich die Lüge dagegen aufbäumt. Diese Erkenntnis ist von großem Wert für alle Betrachtung des Lebens. Sie führt zu einem Sinn oberhalb von Tag und Nacht, oberhalb von Werden und Vergehen. Sie lehrt, alles Geschehen unter dem Gesichtspunkt der Ewigkeit betrachten und von da aus in seiner Notwendigkeit erfassen. Und diese

Betrachtungsweise gewährt, wenn sie in der richtigen Weise gepflegt wird, eine große innere Ruhe. Man gewöhnt sich die Aufregung ab, in der die Menschen leben, wenn sie immer nur die eine Seite sich gegenwärtig halten und erstreben. Die Menschen werden umhergetrieben von Furcht und Hoffnung. Erst wenn man den Ewigkeitsstandpunkt erlangt hat, gelingt es, diese beiden größten Menschenfeinde zu fesseln, wie das Goethe im Maskenfest des Faust II allegorisch zur Darstellung bringt.

Von hier aus verstehen wir, weshalb bei Kungtse und Lautse in gleicher Weise das „Nichtsmachen" als Grundlage der Weisheit gilt. Jedes gewaltsame Machen würde ein Übergewicht auf der einen Seite erzeugen, das eine notwendige Reaktion von der andern Seite hervorrufen würde, so daß der Zweck doch nicht dauernd erreicht werden kann. Ebenso erklärt sich daraus die Methode des Lautse, die sich in dem Gleichnis ausdrückt: „Wenn man etwas zusammenziehen will, so muß man erst es richtig sich ausdehnen lassen."

Das Nichtsmachen der chinesischen Lebensweisheit ist jedoch keineswegs bloße Untätigkeit, die den Dingen ihren Gang läßt, ohne sich weiter darum zu kümmern. Vielmehr handelt es sich gerade darum, die Grundlagen zu gewinnen für ein richtiges, von Erfolg begleitetes Handeln. Dazu ist es nötig, daß man das schicksalmäßige Geschehen erfaßt und sein Handeln dem Schicksal anpaßt, ja, soweit es möglich ist, durch sein Handeln sein Schicksal selbst gestaltet. Für dieses Wirken ist es aber unbedingt notwendig, das Schicksal in seiner Entwicklung zu kennen.

Wie ist es nun aber für den Menschen möglich, in dem wirren Naturgeschehen, in der Mitte zwischen Vergangenheit und Zukunft durch die Erkenntnis den richtigen Platz einzunehmen? Wie ist es möglich, die Regeln für das Handeln zu finden, die es in Einklang mit dem Weltsinn bringen? Die Theorie, die dem Buch der Wandlungen zugrunde liegt, geht von der verschiedenen Bewegung aus, die von der Gegenwart aus betrachtet die Dinge in der Vergangenheit und in der Zukunft für uns annehmen. Die Vergangenheit schrumpft für uns zusammen, die Zukunft wickelt sich auseinander. Der gegenwärtige Moment enthält allein die volle Breite des Geschehens. Diese Bewegung von der Vergangenheit in die Zukunft hinein ist unwillkürlich und unabänderlich. Es ist, um in einem Bild zu sprechen, wie wenn wir in der Zeitdimension fallen würden. Die drei räumlichen Dimensionen gewähren für uns die Möglichkeit, darin hin und her zu gehen, das hinter uns sich Zusammenschließende durch Zurückgehen wieder auseinandertreten zu lassen, so daß kein prinzipieller Unterschied da ist zwischen der Entfaltung und dem Zusammentreten, da beides beliebig umkehrbar ist, wenn auch das Hin- und Hergehen in der Höhendimension schon mit Schwierigkeiten verknüpft und an bestimmte Bedingungen gebunden ist. Die Zeitdimension dagegen ist sozusagen ein Medium, das für uns nicht umkehrbar ist. Wir sind an eine bestimmte Richtung der Bewegung gebunden.

Dennoch hat der Mensch diesem Zeitverlauf gegenüber eine gewisse Freiheit; zwar nicht unmittelbar: es läßt sich nichts ungeschehen machen, was geschehen ist, und es läßt sich nichts heranzwingen, was in der Zukunft Schoße liegt; aber wenigstens für das geistige Schauen. Wir können mit unsern Gedanken in der Vergangenheit zurückwandern, wenn wir sie auch nicht in ihrer vollen Wirklichkeit reproduzieren können. Die Erinnerung ist die Fähigkeit solcher Rückschau, das Mikroskop sozusagen, das für unsere innere Schau die zusammenlaufenden Fäden der Vergangenheit wieder auseinanderfaltet. Denn die Vergangenheit ist ja deshalb, weil sie für uns punktförmig zusammengeschrumpft ist, objektiv nicht weniger wirklich als die Gegenwart, ebenso wie die Ferne ebenso wirklich ist wie die Nähe.

Unsere eigene Vergangenheit ist uns normalerweise immer zugänglich, wenn auch die meisten Menschen sich mit recht verschwommenen Erinnerungsbildern begnügen müssen, da sie auch die Gegenwart nur ganz verschwommen erleben. Aber die Fähigkeit einer deutlichen Erinnerung läßt sich systematisch ausbilden, so daß man nicht auf abgerissene Erlebnisfetzen angewiesen ist, deren abgeblaßte Bilder sich willkürlich unseren Blicken darbieten, sondern daß man sein ganzes Leben geordnet und klar vor sich sehen kann, daß einem die Schätze der Erinnerung wirklich zur Verfügung stehen. Daß jeder Mensch diese Fähigkeit latent besitzt, beweisen ja die Fälle, da z. B. bei Ertrinkenden ihr ganzes Leben blitzartig und doch vollkommen deutlich vor ihrem Blick vorüberzieht. Etwas, das so, wenn auch unbewußt, in uns vorhanden ist, muß sich auch durch entsprechende Konzentration ins Bewußtsein emporheben lassen.

Durch die Kenntnis der Vergangenheit wird die Gegenwart erst ganz deutlich, so daß ihr Sinn erfaßt werden kann. Die Gegenwart ist ja als Erlebnis nur ein Durchschnitt durch die Breite des Geschehens. Die verschiedenen Erlebnisse sind für den, der nach ihrem Sinn fragt, stumm, wenn es nicht gelingt, sie nach ihrem Woher und Wohin ins rechte Licht zu setzen. Der Weg nun, der in die Vergangenheit zurückführt, ist der gerade Weg an der Hand der Kette von Ursache und Wirkung. Wir kennen die Wirkungen und können von hier zu den Ursachen aufsteigen, deren Folgen sie sind.

Aber zu einem vollständigen Verständnis des Sinnes des Geschehens reicht diese Kenntnis der Vergangenheit noch nicht aus. Denn wenn wir auf diese Weise auch zu einem Überblick über das, was uns angehört, gelangen können, so ist doch im Schicksal ein Faktor gegeben, der noch unausgewickelt in seinen Folgen, rätselhaft verschlossen in unserem Leben vorhanden ist. Und wenn wir die Tendenzen dieser Zukunftskeime nicht kennen, so bleibt die Schwierigkeit bestehen, unser Leben nach dem Sinn des Weltgeschehens zu gestalten, das doch übermächtig unser individuelles Handeln als einzelnen Beitrag in sich aufsaugt. Hier ist die prinzipielle Schwierigkeit, daß wir handeln müssen und dadurch eine Zukunft für uns bereiten helfen, ohne daß wir die Bedingungen und Verhältnisse des Schicksals kennen, unter denen unsre Handlungen ihre Früchte bringen werden. Derselbe Mann, der als großer Herrscher begrüßt wird, wenn seine Pläne gelingen, weil sie der Zeit entsprachen, wird als Empörer verurteilt, wenn sie, weil unzeitgemäß, mißlingen.

Darum beschäftigt sich das Buch der Wandlungen nun hauptsächlich mit dem Problem, wie man die Zukunftstendenzen erforschen kann, nicht um auf zauberhafte Weise eine müßige Neugier zu befriedigen, sondern um einen Anhaltspunkt zu haben, seine Handlungen so einrichten zu können, daß sie mit dem Sinn des Geschehens in Einklang kommen. Der Weg dazu ist natürlich der umgekehrte wie bei der Erforschung der Vergangenheit. Während die Vergangenheit deduktiv aus dem in der Gegenwart Gegebenen abgeleitet werden kann, immer kontrolliert von der begleitenden Erinnerung, muß die Zukunft als etwas Unbekanntes induktiv erst aus dem Bekannten erschlossen werden. Chinesisch ausgedrückt: während der Weg von der Vergangenheit zur Gegenwart stromabwärts führt, muß man stromaufwärts schwimmen, wenn man von der Zukunft zur Gegenwart gelangen will.

Dennoch ist auch hier eine Analogie im menschlichen Geist gegeben. Jeder Plan nimmt gedanklich die Zukunft voraus und legt, von dem Zweck aus gesehen, das Geschehen, das zur Verwirklichung des Planes nötig ist, so auseinander, daß die sukzessive Ausführung der so bestimmten Teilhandlungen in ihrer kausalen Verknüpfung zu der Verwirklichung des Planes führt. Während also die Vergangenheit mit Hilfe der kausalen Reihe erforscht werden kann, kommt für die Zukunft das teleologische Verständnis in Betracht. Das Prinzip des Buches der Wandlungen besteht nun darin, daß auf Grund einer reichen, Jahrtausende alten Erfahrung der reifsten Geister die verschiedenen Zustände in ihrer Entfaltung dargestellt werden, so daß in jedem Zustand der gesamte Verlauf von Anfang bis zum Ende aufgezeigt ist etwa wie die Bahn eines Planeten. Indem man nun diese Zustände betrachtet, hat man die Möglichkeit an der Hand, aus den Keimen jeweils die weitere Entwicklung vorher berechnen zu können.

Noch ein anderer Vorteil ergibt sich aus einer solchen Überschau. Wie schon ausgeführt, entstehen nämlich die Keime des neuen Zustandes nicht da, wo der alte aufhört und der neue Zustand in die Erscheinung tritt, sondern der Keim der neuen Zeit beginnt schon mitten in der Auswirkung der alten Zeit. Und hier im Status nascendi, im eigentlichen Zustand des Entstehens, da ist der Punkt, wo der Mensch die Möglichkeit der Einwirkung auf sein Schicksal hat. Hier ist der Punkt, wo die Freiheit sich betätigen kann. Denn der Auswirkung eines Gegebenen, die nach festen Gesetzen sich vollzieht, geht eine Art Gleichgewichtszustand voran, da die Bewegung eben erst einzusetzen beginnt. Alle Bewegung, d. h. Auswirkung des schöpferischen Prinzipes, entsteht aus dem Unmerklichen, dem ganz Leichten. Alle räumliche Veränderung, d. h. Auswirkung des empfangenden Prinzips, entsteht aus dem ganz Kleinen, dem Einfachen. Aus dieser ersten Regung, dem Leichten, wächst dann die Bewegung zum Notwendigen, Unabänderlichen in der Zeit heran. Aus dem Einfachen entfaltet sich dann die Ausbreitung und

Veränderung im Raume zu der Mannigfaltigkeit. Gerade da, wo die Bewegung noch leicht ist, wo die Mannigfaltigkeit noch einfach ist, muß der Einsatzpunkt liegen, wenn man auf sein Schicksal wirken will. Wenn der neue Keim an dieser Stelle seiner Entfaltung die entscheidende Beeinflussung durch die Persönlichkeit erfährt, dann wird sich diese Einwirkung mit Notwendigkeit entfalten, wenn das Geheime sich im Offenbaren auszuwirken beginnt.

Hier ist abermals eine Quelle der Weisheit, die für Lautse und Kungtse in gleicher Weise von Wichtigkeit geworden ist. Der Taoismus entnimmt diesen Grundsätzen nicht nur die Unwichtigkeit des äußeren Handelns, sondern er zieht daraus den Schluß, daß, um sein Schicksal wesentlich zu gestalten, der Mensch es gar nicht nötig hat, in die Öffentlichkeit hervorzutreten. Die Welt der Erscheinungen ist für ihn etwas von minderer Wichtigkeit. Woran ihm gelegen ist, das ist, in geheimer Meditation und Ausbildung der höheren Seelenkräfte schauend und wirkend vorzudringen in den Zusammenhang des Seins, da die Gesetze, nicht die Erscheinungen sich auswirken. Es ist ganz unmittelbar der Faustische Drang, der den Erdgeist beschwört — nur nicht in einmaligem Überschwang des Gefühls, sondern in systematischer Entwicklung okkulter Seelenkräfte.

Aber auch Kungtse verdankt der im Buch der Wandlungen niedergelegten Weisheit entscheidende Anregungen. Für ihn ist allerdings die wirkliche Welt der Menschen und Schicksale der Boden, auf dem er steht. Aber indem er erkannt hat, wie die Samen des Geschehens sich entfalten, ist er allezeit bestrebt, bereit zu sein, sich nicht überraschen zu lassen vom äußeren Hergang der Ereignisse, sondern ihnen entgegenzugehen, ihnen die Gesetze ihres Werdens abzulauschen und sie entscheidend zu beeinflussen, ehe sie sich ausgewirkt haben. So ist sein Grundsatz in allen Dingen: Nur was bereitet ist, steht fest.

Hier unterscheidet sich die chinesische Lebensweisheit sehr wesentlich von europäischen Zuständen der Gegenwart. Wie oft kommt es vor, daß wir Europäer, bei aller Vollkommenheit unsrer Technik, plötzlich vor eine Lage uns gestellt sehen, der wir nicht gewachsen sind, weil wir uns gedankenlos vom Strom des Geschehens treiben lassen. Und wenn nun die Dinge auf uns zukommen, so wissen wir nicht ihr Woher und Wohin, und wir stehen da und wissen nicht, wie entscheiden. Daher kommt die Ratlosigkeit, in der die meisten Menschen gerade in den wichtigsten Entscheidungszeiten stehen, daß sie nicht gelernt haben, auf die Keime zurückzublicken. Und so entscheidet man schließlich selbst in den wichtigsten Dingen, wie man Würfel spielt.

Demgegenüber will das Buch der Wandlungen dazu anleiten, durch innere Konzentration die Keime des Werdens rechtzeitig zu erkennen, so daß man darauf einwirken kann und sich der Richtung des Weltgeschehens anzupassen vermag. Zu diesem Zweck sind aus den acht Diagrammen, die wir oben aufgezählt und behandelt haben, durch gegenseitige Kombination 64 Zeichen gebildet worden, die aus je 6 Strichelementen sich aufbauen. Jedes dieser Zeichen gibt eine in sich geschlossene Situation, einen Erlebniszusammenhang, als Schicksal gesehen. König Wen hat diesen Zeichen den erläuternden Text beigefügt. Die einzelnen Strichelemente zeigen die verschiedenen Stufen innerhalb dieser Situation, sozusagen die immanenten Entwicklungstendenzen. Da es sich dabei nur um Tendenzen, um Werdenskeime handelt, so ist eine Beeinflussung des Schicksals als möglich vorausgesetzt, wenn man diesen Tendenzen rechtzeitig, ehe sie den Status nascendi verlassen haben, entgegentritt. Es ist das eine ähnliche Auffassung der Zukunftsvoraussage, wie sie der alttestamentlichen Prophetie zugrunde liegt. Auch bei ihr werden die Tendenzen einer Situation und ihre Zukunftswirkungen aufgezeigt. Aber wenn der Mensch sich warnen läßt und dadurch den Prämissen entgegentritt, so kommt das geweissagte Unheil nicht über ihn. Dies ist auch der Sinn des chinesischen Buches der Wandlungen; denn nur wenn die Zukunft dadurch, daß man sie kennt, zu beeinflussen ist, hat es einen Sinn, sich Kenntnis der Zukunft zu verschaffen.

Diese 64 Zeichen haben nun einen doppelten Zweck. Einmal sollen sie einen Überblick geben über die verschiedenen Möglichkeiten des Weltgeschehens. Das Studium dieser Situationsbilder und die Meditation darüber vermehrt die Kenntnis des Lebens, verleiht Weisheit, so daß man instand gesetzt wird, das Leben und seine Richtungen besser zu beurteilen und sein Handeln jeweils in Einklang zu bringen mit den Forderungen, die in der Zeit enthalten sind. Außer diesem mehr allgemeinen Zweck bildet das Buch der Wand lungen aber auch eine gebrauchsfertige Sammlung von Orakeln für bestimmte Situationen. Es gibt nämlich eine Methode, durch die man sich eines der 64 Zeichen aufbauen kann durch scheinbar zufällige Manipulationen mit Schafgarbenstengeln. Dieses Zeichen, die darin besonders betonten Striche und das Zeichen, in welches das erste Zeichen unter Umständen übergeht, soll nach der chinesischen Voraussetzung die Situation des Fragenden zeichnen und ihm innerhalb der gezeichneten Situation die Ratschläge für sein Handeln geben.

Nun ist das Orakel in jeder Form etwas, das dem modernen Menschen durchaus fern liegt, obwohl es im Altertum in allen Religionen irgendwie ausgeübt wurde. Die Naturwissenschaft hat heute sozusagen den Platz eingenommen, den früher die Methoden der Zukunftsschau innehatten. Ob es ihr möglich ist, für das menschliche Schicksal und seine Entwicklung bessere Ratschläge zu erteilen als jene alten Orakel, mag freilich dahingestellt bleiben. Die ganze Fragestellung ist eine andere geworden. Dennoch verlohnt es sich wohl, die chinesische Begründung dieser Orakel sich klarzumachen. Die Grundvoraussetzung ist, daß Schicksal und Orakelspruch derselben Sphäre angehören. In einer vollkommen alogischen, chaotischen Welt würde bloßer Zufall herrschen, und es hätte keinen Sinn, sich an den unvernünftigen Zufall um vernünftige Auskunft in einer bestimmten Lebenslage zu wenden. Alle derartigen Versuche sind bloßer Aberglaube. Die Welt, mit der das chinesische Denken rechnet, ist – im Gegensatz zur modernen Auffassung vom Makrokosmos – in erster Linie die

Menschenwelt, der Komplex von Schicksal und Charakter, der innerhalb der menschlichen Gesellschaft zur Auswirkung kommt. Die Struktur der menschlichen Gesellschaft beruht aber auf ganz festen Regeln und moralischen Gesetzen. Ordnung und Unordnung, Zerfall und Blüte haben ihre ganz bestimmten Voraussetzungen, die tiefst im menschlichem Wesen verankert sind. Indem die alten chinesischen Weisen nun diesen Wurzeln des Seins nachgingen, haben sie im Buch der Wandlungen sozusagen ein Gegenbild der menschlichen Welt und ihrer Entwicklungen geschaffen, das alle Gesetze zur Darstellung bringt, auf denen Erfolg und Mißerfolg des Einzelnen in der Gesellschaft beruhen. „Der Himmel offenbart Ideen, der Heilige nimmt sie zum Vorbild." In diesem Wort ist das Geheimnis der Übereinstimmung zwischen Vernunft und Welt ausgesprochen, das das Buch der Wandlungen als gültig voraussetzt. Und zwar sind es dieselben heiligen und weisen Herrscher des Altertums, die sowohl die Gesellschaftsordnung geschaffen und ausbalanciert als auch die Offenbarungen des Buches der Wandlungen aufgezeichnet haben — beides auf Grund der Ideen, die sie als göttliche Offenbarungen in den Tiefen des Weltzusammenhangs aufgefunden haben.

Danach bereitet es keine Schwierigkeiten, zu verstehen, inwiefern die Orakel die richtigen Anweisungen für die jeweilige Situation geben können; stammen sie doch aus demselben Geist, der seine Gesetze auch der Wirklichkeit aufgeprägt hat. Es bleibt nur noch die Schwierigkeit zu erklären, wie es möglich ist, daß man im einzelnen Fall nun gerade das Zeichen findet, in dem die Gesetze dieses Falles aufgezeichnet sind. Hierbei verweist die chinesische Anschauung auf die Person des Fragenden. Das Orakel ist einfach wie ein Echo. Je nach der Höhe des geistigen Niveaus des Fragenden wird ihm ein mehr oder weniger tiefer Einblick in den Weltzusammenhang ermöglicht. Wenn einer gedankenlos und ohne Kontakt mit der höheren geistigen Welt das Orakel befragt, so bleibt er dem bloßen Zufall ausgeliefert. Je tiefer er — nicht nur in seinen bewußten Gedanken, sondern in den Tiefen seines Unterbewußtseins — eingedrungen ist, desto klarer und verständlicher werden ihm die Orakel zufallen. Sein Unbewußtes lenkt gleichsam seine Bewegungen, so daß er das Zeichen sich aufbaut, das für ihn von Bedeutung ist. Hier ist der irrationale Rest, der überall da bleiben wird, wo der Mensch sich den geheimnisvoll dunkeln Mächten des Schicksals gegenüber sieht.

Auf der andern Seite ist gerade durch diese Beziehungen eine Möglichkeit der Beurteilung von seiten des Fragenden gegeben. Denn nicht eine Ausschaltung der vernünftigen Überlegung bezweckt die Möglichkeit des Orakelbefragens, sondern sie will nur den Strömen des Unterbewußtseins auch zu ihrer Wirkung verhelfen. Trifft man ein Orakel, das zu der gegebenen Situation nicht paßt, so bleibt es unbenommen, es einfach abzulehnen und nach vernünftiger Überlegung allein den Fall zu entscheiden. Auch von Kungtse wird berichtet, daß er einmal ein Orakel für sich abgelehnt hat, obwohl er sein Leben lang sich aufs intensivste mit dem Buch der Wandlungen beschäftigt und ihm die Arbeit seines reiftsten Alters gewidmet hat.

Über die Einfügung des Menschen in die Zeitumstände hat die chinesische Weisheit folgende Gedanken ausgebildet:

Das innerste Menschenwesen gilt als etwas, das von himmlischen Mächten vom Schöpferischen her dem einzelnen Menschen eingesenkt ist etwa wie das, was Goethe in den orphischen Urworten als Daimon bezeichnet. Diese ihm eingesenkte Natur hat der Mensch zu entfalten. Dabei gilt es, die äußeren Umstände so zu verwenden, daß dieses Innere sich günstig entfaltet. Gewiß gibt es bei dieser Entwicklung auch Wandlungen. Einerseits die Wandlungen und Anpassungen, die bestimmt sind durch die äußeren Umstände. Es gibt keine starren Regeln für Kungtse. Die Größe seiner Lebensweisheit besteht eben darin, daß es für ihn nichts gibt, das der Edle unter allen Umständen tut oder nicht tut, sondern in seinem Tun und Nichttun wandelt er sich nach den Erfordernissen der Zeit. Das ist nicht Schwäche oder Opportunismus, sondern durch diese Anpassung an die Forderungen der Zeit bekommt er gerade die Kraft, sich selbst zu wahren im Wandel der Zeiten. So gibt es für den Weisen keine festen Gesetze des Verhaltens, sondern nur Impulse. Er bildet diese Impulse zu Richtungen in sich aus, die aber immer so beweglich und schmiegsam sein müssen, daß sie sich in die Zeitverhältnisse jeweils hineinfügen und er dadurch die innere Freiheit sich wahrt, die im Wechsel der Zeiten als Dauerndes sich erweist.

Diese Harmonisierung des innersten Wesens mit dem

Schicksalhaften der Zeitverhältnisse wird im Buch des Wandels durch vier verschiedene Ratschläge zu fördern gesucht, die als Bestätigungen, Mahnungen, Warnungen den einzelnen Zeichen beigefügt sind.

Es kann sein, daß der Mensch in seiner gegenwärtigen Richtung vom Zeitsinn getragen wird, dann wird dem Orakel das Zeichen „Heil" beigefügt. Das bestätigt also die Richtung, in der die Persönlichkeit begriffen ist. Das Gegenteil ist das Widerstreben gegen den Sinn der Zeit. Denn wer dem Zeitsinn widerstrebt, wer gegen den Strom schwimmt, der wird auf allen Seiten sich gehemmt sehen. Ein gedeihliches Wirken ist unmöglich. In diesem Fall ist dem Orakel das Zeichen „Unheil" beigefügt. Das würde in diesem Fall bedeuten, daß eine vollkommene Neuorientierung des Handelns vonnöten ist, wenn man in seinem Handeln Erfolg sehen will. Noch gibt es zwei Möglichkeiten, die dazwischen liegen. Da nämlich die Zeiten sich dauernd wandeln, und da der Mensch sich auch dauernd wandelt, so ist es möglich, daß die Wandlungen im Menschen mit den Wandlungen der Zeit divergieren. So kann es sein, daß ein Mensch, der zunächst auf dem rechten, zeitgemäßen Wege war, bei Fortsetzung dieses Weges im Verlauf des Wandels der Zeit mit dem Zeitsinn in Divergenz kommt. Das wird angedeutet durch das Zeichen „Beschämung". Denn wer vom Zeitsinn allmählich abweicht, der kommt vom Heil zum Unheil und muß sich schämen. Denn zunächst steht er noch groß da im vollen Bewußtsein seiner richtigen Stellung. Aber je mehr er darin erstarrt, desto mehr bleibt er hinter der Zeit zurück und versteht die Zeit nicht mehr, während er abseits gerät vom Lauf des Geschehens. Oder die Zeit verlangt eine feste, klare Stellungnahme, und ein Mensch versteht diese Forderung nicht und wendet sich haltlos hin und her und versäumt auf diese Weise sein Ziel, während die Zeit über ihn wegschreitet. Auch das ist Beschämung. Hier ist also zwar nicht ein ganz neuer Anfang nötig, wohl aber eine erneute Fühlungnahme mit dem, was im Zeitsinn an Forderungen begründet ist.

Umgekehrt ist es möglich, daß ein Mensch, der zunächst dem Zeitsinn widerspricht und daher unter dem Urteil des Unheils steht, die Auswirkung dieses Unheils hintanhalten kann, wenn er sich wandelt und seine divergierende Bewegung konvergent wird mit dem Zeitsinn. Dann kommt er aus dem Unheil ins Heil. Das wird bezeichnet mit dem Wort „Reue". Hier liegt also eine Bestärkung, in dem schon angefangenen neuen Weg kräftig fortzufahren.

Nun gibt es aber noch ein Zeichen für die Beurteilung der Wesensrichtung, das Zeichen „Kein Makel". Das bedeutet, daß der Mensch zwar nicht vollkommen ist, sondern kleine Schwankungen in seinem Leben vorhanden sind, die sich aber fortlaufend wieder ausgleichen und aufheben. Diese Haltung ist auf die Dauer für den Menschen der wünschenswerteste Zustand; denn welcher Mensch kann behaupten, daß es ihm gelingt, dauernd in vollkommener Harmonie mit dem Zeitsinn sich zu bewegen? Das Beste, was wir erhoffen können, ist, daß wir jederzeit nach der geringsten Abweichung uns gleich wieder anpassen und so von größeren Abweichungen und Fehlschlägen frei bleiben. Das Zeichen „Kein Makel" ist also in der Regel ebenfalls heilbedeutend.

Allerdings darf eine Ausnahme nicht vergessen werden. Wenn die Zeit eine gute Zeit ist, so ist es wünschenswert, daß man vom Zeitsinn getragen wird und seinen Anforderungen entspricht. Es kommen aber auch Zeiten vor, die nicht gut sind, da das Gemeine herrscht. Auch diese Zeiten haben ihren Sinn, und eine gewisse innere Haltung, die diesem Sinn entgegenkommt, wird Erfolg haben. Und dennoch ist es nach der Anschauung der chinesischen Weisheit gut, wenn man in diesem Fall dem Zeitsinn nicht entspricht. Allerdings kommt man dann ins Unheil. Aber das kann den Edlen nicht beirren. Es gibt ein Zeichen, in dem folgendes Orakel steht: „Das Wasser geht über den Scheitel. Unheil, doch kein Makel."

Hier zeigt sich eine ungeheure Kraft innerer Entschlossenheit in der chinesischen Weisheit. Sie rät, das eigne Wesen nach Möglichkeit zu wahren, indem man es in Übereinstimmung bringt mit dem Zeitsinn. Wenn aber der Punkt gekommen ist, wo man entweder sein eignes höheres Wesen aufgeben müßte oder sich in Widerspruch setzen muß mit dem Zeitsinn, dann heißt es: durch!

Hier ist ein wesentlicher Unterschied zwischen Buddhismus und Taoismus einerseits und Konfuzianismus andrerseits zu konstatieren. Der Buddhismus verzweifelt schlechthin und wirft die Welt weg, um sich loszulösen von allem irdischen Geschehen. Der Taoismus versucht mit Hilfe der okkulten Kräfte des eignen Innern sich selbst ein Himmelreich, eine Insel der Seligen zu schaffen und läßt nun die Welt gehen, wie sie gehen will, wenn nur er das ewige Leben findet. Der Konfuzianer jedoch will sein Wesen wahren auch unter Verzicht auf das Glück. Der Philosoph Mong Ko sagt einmal: „Ich liebe Fische und ich liebe Bärentatzen. Wenn ich aber nicht beides zugleich haben kann, so lasse ich die Fische fahren und halte mich an die Bärentatzen. Ich liebe das Leben und ich liebe die Pflicht. Wenn ich aber nicht beides zugleich haben kann, so lasse ich das Leben fahren und halte mich an meine Pflicht." Es kann unter Umständen auch der rechte Weg sein, wenn man direkt ins Verderben geht. Das Wasser kann einem über den Scheitel gehen, das Unheil bricht herein — kein Makel, wenn es nur wirklich unser Weg ist, den wir gehen.

Fragen wir nun zum Schluß, was die chinesische Lebensweisheit uns modernen Europäern zu bieten hat, inwieweit wir sie übernehmen können, was ihre starken, was ihre schwachen Seiten sind.

Die chinesische Lebensweisheit ist sicher etwas, das für uns ungemein wertvoll ist, teils als Ergänzung dessen, was wir haben, teils als Bestärkung in gewissen wertvollen Richtungen unseres eignen Erlebens. Sie kann dazu dienen, den Verinnerlichungsprozeß — der als eine Notwendigkeit vor uns liegt, nachdem eine Periode der Veräußerlichung großen Stils ihren Abschluß gefunden hat — in Bahnen zu lenken, auf denen er die Berührung mit der realen Welt nicht zu verlieren braucht, um sich in abstrakte Höhen der Mystik zu verlieren. Denn auch die chinesische Lebensweisheit wendet sich bewußt der

Gestaltung der Wirklichkeit zu, nur daß nicht die Welt der Sachen, sondern die Welt des Menschen in ihrem Mittelpunkt steht. So werden wir gerade aus der zentralen Tendenz der chinesischen Lebensweisheit viel Wertvolles zu lernen haben.

Aber eine andere Gefahr liegt nahe. Man begegnet häufig der Ansicht: Wenn in der chinesischen Weisheit so viel Gutes enthalten ist, würden wir da nicht besser tun, das Ganze einfach zu übernehmen und uns vorbehaltlos hineinzubegeben in die Schule einer Lebenswertung, die über unsere zusammenbrechende europäische weit hinaus ist? Aus einer derartigen Stellungnahme, die dazu führen würde, etwa eine ostasiatische Modeströmung im europäischen Geistesleben zu erzeugen, würde die Gefahr nahe gerückt, daß nur eine chinesische Welle über uns hinginge, die wie so viele der bisherigen Modeströmungen uns nur enttäuscht, nicht bereichert, zurückließe. Gerade wenn wir die chinesische Weisheit ernst nehmen, müssen wir uns gründlich und kritisch mit ihr auseinandersetzen.

Und da gibt es doch zu denken, daß das festgefügte Gedankensystem, das jahrtausendelang in China geherrscht hat, in unseren Tagen innerlich in den Fugen zu weichen beginnt vor der andringenden stärkeren Gewalt der europäisch-amerikanischen Lebensmethode. Wir können das bedauern; denn wertvolle Güter gehen dabei verloren. Aber das war auch der Fall, als die Antike vor dem eindringenden Christentum zusammenbrach. Und doch war das eine historische Notwendigkeit. Wir können versuchen, den Zusammenstoß in

China zu mildern, seine katastrophale Wucht abzuhalten, indem wir nach Möglichkeit die höchsten, nicht die gemeinen Seiten des Europäertums zur Auseinandersetzung mit der chinesischen Erlebnisstufe heranbringen. Ganz wird sich die Umwälzung nicht vermeiden lassen. Denn grade das Geschlossene der chinesischen Gedankenwelt, das ihr bei der Beurteilung so sehr zugute kommt, rührt seinem Wesen nach davon her, daß wir es mit einer fertigen, ausgewachsenen Kultur zu tun haben, nicht mit einer werdenden. Und zwar läßt sich die Stufe in der Entwicklung der Menschheit, der sie entspricht, sehr leicht bestimmen. Es ist die große prophetische Welle, die um das sechste vorchristliche Jahrhundert durch die ganze Welt ging und Weltreligionen und Philosophien wie Blüten am Menschheitsbaum entfaltete. Aber das letzte Menschheitserlebnis ist in dieser Stufe noch nicht enthalten. Es wird geahnt, es wird geschaut — auch in der chinesischen Literatur gibt es etwas, das man als messianische Weissagungen bezeichnen könnte. Das sind natürlich keine Vorhersagungen auf den historischen Jesus von Nazareth, so wenig wie die alttestamentlichen Schauungen das sind. Aber es ist eine Ahnung von einer Stufe, die noch über den geschlossenen Kreis der chinesischen Welt hinaus liegt.

Was die chinesische Kultur kennt als Besitz, das ist die Kollektivmenschheit: der Mensch als Glied der Familie und der übrigen sozialen Kreise bis hinauf zum Weltstaat. Und dafür entwickelt sie einen sehr hohen Typus. Was ihr aber noch fehlt, das ist das Einmalige im Menschen, das Unwiederholbare, das Individuelle, das eigentlich Göttliche. Hier haben wir den prinzipiellen Unterschied der alten und der neuen Zeit. Was in der alten Zeit als Ideal im Bewußtsein ist, das hat sich in Jesus von Nazareth erstmalig verwirklicht: das Christuserleben, d. h. das zentrale Erleben des Göttlichen nicht als etwas außer oder über der Persönlichkeit Schwebendes, sondern als etwas im tiefsten Selbst sich Auswirkendes selbst in Niedrigkeit und Leiden der äußeren Situation. Hierdurch gewinnt der Einzelne den unverlierbaren Wert einer ganzen Welt gegenüber, wie ihn das ganze Altertum und auch China nicht kennt. Etwas anderes hängt damit zusammen. Das Weltprinzip, das Goethe die Polarität nennt, ist der chinesischen Weisheit, wie wir gesehen haben, sehr wohl bekannt, und auf seiner folgerichtigen Durchführung beruht ein großer Teil der überraschenden und wertvollen Ergebnisse, zu denen sie gelangt. Anders steht es mit dem Prinzip der Steigerung. Auch das ist der chinesischen Weisheit nicht unbekannt. Sie kennt den Fortschritt, die Entwicklung. Aber sie hat es nicht entfaltet als absolutes Prinzip des Weltgeschehens, sondern nur als ein Prinzip, das beschlossen ist unter den polaren Kreislauf der Wiederkehr. Ihre Entwicklung ist wie die Entwicklung der vegetativen Natur im Kreislauf des Jahrs. Es gibt kein Vorwärts über eine bestimmte Grenze hinaus, sondern von dem äußersten Punkte setzt die Gegenbewegung wieder ein, die den Pendelschlag des Geschehens rückwärts führt. Das zeigt sich auch in der chinesischen Geschichte. Sie ist weit davon entfernt, jenes gleichförmige Chaos zu sein, das man sich in Europa vorstellt, wenn man von chinesischer Mauer, chinesischer Stagnation und in dergleichen Phrasen redet. Sie zeigt vielmehr ein mannigfaltigeres und bewegteres Bild als die meisten Volksgeschichten des Altertums. Aber letzten Endes ist sie freilich nur ein Wechsel zwischen Frühling und Herbst, Aufstieg und Niedergang immer neuer Reiche nach den alten Gesetzen des Geschehens.

Nun sind wir in Europa, wenn wir ganz ehrlich sein wollen, auch noch recht weit entfernt von einem wirklichen Fortschritt in der Geschichte. Aber als Postulat wenigstens ist er vorhanden. Und mit diesem Postulat des Fortschritts hängt irgendwie zusammen die Entfaltung einer größeren Aktivität auf seiten des europäischen Menschen. Diese Aktivität hat ihre Wirkungen gehabt. Die europäische Kultur gewann durch sie an Macht. Die Beherrschung der Naturkräfte durch die Technik, die Ausbildung der exakten Methoden in der Wissenschaft sind unleugbare Errungenschaften dieser Geisteshaltung. Es ist wahr, wir haben uns bei dieser Expansion zum großen Teil an die Außenwelt und Veräußerlichung verloren. Wir sind Sklaven geworden der Geister, die wir riefen. Und darum tut uns die Konzentration not, in der uns die Beschäftigung mit östlicher Lebensweisheit fördern kann.

Was dabei nötig ist, das ist, eine Synthese zu vollziehen, daß nicht eine östliche und westliche Welt sich dauernd in getrennten Geleisen weiter bewege, sondern daß wir in der tiefsten Innerlichkeit des Menschlichen ein Zentrum finden, von dem aus die Gestaltung des Lebens auf einer höheren Stufe in Angriff genommen werden kann.

www.ingramcontent.com/pod-product-compliance
Lightning Source LLC
Chambersburg PA
CBHW031435150426
43191CB00006B/530